I0538442

BESTACTIVITYBOOKS.COM

Copyright © 2022 LINGUAS CLASSICS

Todos os direitos reservados. Nenhuma parte deste livro pode ser reproduzida ou utilizada de qualquer forma sem a autorização escrita do titular dos direitos de autor, excepto para a utilização de citações numa resenha de livro.

PRIMEIRA EDIÇÃO - 2022

Ilustración gráfica adicional: www.freepik.com
Graças a Alekksall, Starline, Pch.vector, Rawpixel.com, Vectorpocket, Dgim-studio, Upklyak, Macrovector, Stockgiu, Pikisuperstar & Freepik.com Designers

Descobrir Jogos Online Grátis

Disponível Aqui:

BestActivityBooks.com/FREEGAMES

5 DICAS PARA COMEÇAR

1) CÓMO RESOLVER LAS SOPA DE LETRAS

Os puzzles têm um formato clássico:

- As palavras estão escondidas sem espaços ou hífenes,...
- Orientação: As palavras podem ser escritas para a frente, para trás, para cima, para baixo ou na diagonal (podem ser invertidas).
- As palavras podem sobrepor-se ou intersectar-se.

2) APRENDIZAGEM ACTIVA

Ao lado de cada palavra há um espaço para anotar a tradução. Para encorajar a aprendizagem activa, um **DICIONÁRIO** no final desta edição permitir-lhe-á verificar e expandir os seus conhecimentos. Procure e anote as traduções, encontre-as no puzzle e adicione-as ao seu vocabulário!

3) MARCAR AS PALAVRAS

Pode inventar o seu próprio sistema de marcação - talvez já use um? Pode também, por exemplo, marcar palavras difíceis de encontrar com uma cruz, palavras favoritas com uma estrela, palavras novas com um triângulo, palavras raras com um diamante, e assim por diante.

4) ESTRUTURANDO A APRENDIZAGEM

Esta edição oferece um **CADERNO DE NOTAS** prático no final do livro. Nas férias, em viagem ou em casa, pode facilmente organizar os seus novos conhecimentos sem a necessidade de um segundo caderno!

5) JÁ TERMINOU TODAS AS GRELHAS?

Nas últimas páginas deste livro, na secção **DESAFIO FINAL**, encontrará um jogo gratuito!

Rápido e fácil! Consulte a nossa colecção de livros de actividades para o seu próximo momento de diversão e **aprendizagem**, a apenas um clique de distância!

Encontre o seu próximo desafio em:

BestActivityBooks.com/MeuProximoLivro

Aos vossos lugares, preparem-se...Vão!

Sabia que existem cerca de 7.000 línguas diferentes no mundo? As palavras são preciosas.

Adoramos línguas e temos trabalhado arduamente para criar livros da mais alta qualidade para si. Os nossos ingredientes?

Uma selecção de tópicos adequados à aprendizagem, três boas porções de entretenimento, e depois acrescentamos uma colherada de palavras difíceis e uma pitada de palavras raras. Servimo-los com amor e máximo divertimento, para que possa resolver os melhores jogos de palavras e se divirta a aprender!

A sua opinião é essencial. Pode participar activamente no sucesso deste livro, deixando-nos um comentário. Gostaríamos de saber o que mais lhe agradou nesta edição.

Aqui está um link rápido para a sua página de encomendas:

BestBooksActivity.com/Avaliacoes50

Obrigado pela vossa ajuda e divirtam-se!

A Equipa Inteira

1 - Dirigindo

Ü	B	U	W	T	Ú	G	A	L	A	S	L	A	V	G	C
Z	I	V	T	Ú	E	A	É	P	N	N	T	G	E	Y	G
E	Z	H	E	C	U	R	B	S	W	F	Y	Á	S	A	F
M	T	B	S	T	A	Á	L	K	R	Z	L	Z	Z	L	U
A	O	R	E	É	L	Z	Y	O	N	Ő	É	R	É	O	W
N	N	C	L	R	V	S	G	Z	P	L	D	S	L	G	Y
Y	S	J	A	K	E	K	É	F	A	D	E	N	Y	O	H
A	Á	A	B	É	F	S	D	C	E	L	G	P	E	S	A
G	G	D	N	P	P	V	R	R	P	Y	N	B	P	R	U
M	U	U	Y	C	X	W	V	A	N	O	E	H	K	M	T
F	M	O	T	O	R	K	E	R	É	K	P	Á	R	Z	Ó
M	O	L	A	G	R	O	F	V	I	G	Y	Á	Z	A	T
T	O	T	N	F	H	J	A	V	Y	I	J	Y	V	X	S
S	Á	T	Í	L	L	Á	Z	S	T	P	M	K	U	J	G
S	M	B	O	A	Z	A	H	K	T	T	S	U	I	P	T
W	D	L	P	R	D	W	N	Y	D	T	C	U	O	S	B

BALESET
AUTÓ
ÜZEMANYAG
VIGYÁZAT
ÚT
FÉKEK
GARÁZS
GÁZ
ENGEDÉLY
TÉRKÉP
MOTORKERÉKPÁR
MOTOR
GYALOGOS
VESZÉLY
RENDŐRSÉG
UTCA
BIZTONSÁG
SZÁLLÍTÁS
FORGALOM
ALAGÚT

2 - Antiguidades

H	N	S	Á	T	Í	L	L	Á	E	R	Y	L	E	H	I
I	S	L	L	S	P	E	J	J	O	L	P	L	V	G	V
T	D	T	Á	R	V	E	R	É	S	E	E	E	I	M	L
E	E	G	Í	M	E	V	Á	L	K	T	T	G	P	G	O
L	K	A	W	L	Ű	W	U	J	X	É	U	W	Á	W	T
E	O	L	G	L	U	V	Z	Z	H	T	L	M	B	N	X
S	R	É	X	B	K	S	É	M	I	N	Ő	S	É	G	S
U	A	R	O	K	A	B	J	S	E	Z	G	Á	S	L	S
W	T	I	L	E	R	O	B	O	Z	S	J	Z	Z	B	E
R	Í	A	O	K	O	M	V	D	O	E	B	Á	O	K	R
R	V	G	K	É	T	R	É	G	E	R	T	H	K	A	C
V	Y	O	N	K	Ú	S	Z	Á	Z	A	D	U	A	Y	X
R	J	L	P	Z	B	U	Z	X	A	O	A	R	T	R	N
R	A	J	O	N	G	Ó	É	R	M	É	K	E	L	É	J
B	D	W	I	L	L	Y	H	Y	W	C	B	B	A	G	A
E	W	R	V	U	M	Z	Y	F	P	K	M	S	N	I	S

MŰVÉSZET
HITELES
DEKORATÍV
ELEGÁNS
RAJONGÓ
SZOBOR
STÍLUS
GALÉRIA
SZOKATLAN
BERUHÁZÁS
TÉTEL
ÁRVERÉS
BÚTOR
ÉRMÉK
ÁR
MINŐSÉG
HELYREÁLLÍTÁS
SZÁZAD
ÉRTÉK
RÉGI

3 - Churrascos

S	A	L	Á	T	Á	K	O	K	É	T	Á	J	B	K	P
C	Á	É	H	S	É	G	C	S	A	L	Á	D	O	F	A
L	N	V	P	J	K	D	R	E	P	L	L	I	R	G	R
Ö	Y	K	Í	A	M	C	S	I	R	K	E	X	S	L	A
M	Á	H	G	H	H	A	C	V	S	I	X	A	S	Z	D
Ü	R	N	O	B	G	K	A	F	A	G	Y	J	D	E	I
Y	W	K	V	G	W	E	S	O	U	C	L	A	L	N	C
G	R	K	O	Y	Y	G	M	R	S	N	S	S	Ó	E	S
S	J	N	S	E	L	É	V	R	Z	F	O	O	N	M	O
Z	K	A	I	R	X	S	W	Ó	O	K	R	O	R	P	M
Ó	D	C	H	M	E	D	O	B	E	C	W	D	D	A	E
S	U	Z	K	E	G	L	É	E	C	C	Y	V	I	U	L
Z	V	P	S	K	C	Ö	J	B	J	W	S	R	U	I	V
Z	N	U	S	E	R	Z	G	O	E	K	É	S	E	K	I
C	E	H	U	K	B	L	J	C	F	A	G	M	J	W	X
P	C	A	U	S	D	A	C	T	V	T	D	F	L	G	D

EBÉD
MEGHÍVÁS
GYERMEKEK
KÉSEK
CSALÁD
ÉHSÉG
CSIRKE
GYÜMÖLCS
GRILL
VACSORA
JÁTÉKOK
ZÖLDSÉGEK
SZÓSZ
ZENE
BORS
FORRÓ
SÓ
SALÁTÁK
PARADICSOM
NYÁR

4 - Pesca

N	Z	T	M	G	S	F	O	B	X	X	I	G	X	K	S
M	F	L	E	W	Ú	S	F	X	I	B	F	P	D	O	Z
B	O	I	L	J	L	M	T	R	N	N	B	N	X	P	A
J	L	D	E	P	Y	P	P	R	W	L	B	F	U	O	K
V	S	B	R	C	W	G	Y	Á	A	I	Z	E	V	L	Á
J	D	H	Ü	Ó	D	T	D	S	N	N	C	L	Í	T	C
R	T	A	T	J	T	Ó	R	O	O	Á	D	S	Z	Y	S
Á	Y	A	O	A	I	K	W	K	C	E	C	Z	R	Ú	Z
R	L	K	E	H	R	L	C	U	B	C	S	E	O	K	T
Y	D	L	É	V	S	Z	A	K	L	Ó	A	R	V	I	M
U	U	N	K	O	Y	N	O	Z	S	U	L	E	B	X	X
N	M	N	F	A	D	E	N	B	Á	M	I	L	L	X	T
F	O	L	Y	Ó	P	S	H	Z	Z	M	V	É	H	J	H
H	O	R	O	G	G	O	A	S	L	X	C	S	P	M	E
Y	V	I	L	C	Z	W	C	J	Ú	G	B	D	B	H	X
L	C	F	H	F	D	D	C	S	T	B	C	V	G	H	J

VÍZ
USZONYOK
HAJÓ
KOPOLTYÚK
KOSÁR
SZAKÁCS
FELSZERELÉS
TÚLZÁS
DRÓT
HOROG
CSALI
TÓ
ÁLLKAPOCS
ÓCEÁN
TÜRELEM
SÚLY
STRAND
FOLYÓ
ÉVSZAK

5 - Geologia

L	Á	V	A	F	M	P	R	F	K	B	D	G	K	P	Z
Z	C	A	C	Y	B	E	É	N	E	A	F	N	Ő	C	T
Z	E	S	Z	N	T	D	T	D	B	N	L	H	J	L	K
V	U	L	K	Á	N	C	E	J	A	C	N	C	F	C	O
H	Z	D	V	X	T	K	G	Z	R	S	Ó	S	I	V	T
E	R	Ó	Z	I	Ó	R	A	D	L	E	F	K	Í	U	I
K	O	N	T	I	N	E	N	S	A	P	O	M	K	K	M
O	Z	Ó	N	A	G	D	E	J	N	P	S	V	X	O	G
S	P	M	K	M	T	W	J	L	G	K	S	U	X	Y	A
U	F	O	H	Y	Z	P	D	Y	Z	Ő	Z	U	T	L	L
L	W	E	L	Y	H	R	A	I	F	Z	I	W	D	Á	A
K	F	Ö	L	D	R	E	N	G	É	S	L	L	S	T	T
I	V	K	O	R	A	L	L	Y	L	O	I	U	E	S	Z
C	I	A	F	N	Z	L	E	A	K	C	S	U	T	I	S
B	K	N	R	U	I	S	R	V	I	A	Y	S	T	R	P
F	W	W	X	C	G	O	T	G	A	R	K	D	Z	K	T

SAV
RÉTEG
BARLANG
KALCIUM
CIKLUSOK
KONTINENS
KORALL
KRISTÁLYOK
ERÓZIÓ
CSEPPKŐ
SZTALAGMITOK
FOSSZILIS
LÁVA
KŐ
FENNSÍK
KVARC
SÓ
FÖLDRENGÉS
VULKÁN
ZÓNA

6 - Ética

R	V	H	N	O	Z	Z	A	C	Y	T	B	T	Ő	A	L
Y	A	D	Z	J	O	U	D	P	O	O	H	G	S	L	C
W	U	C	C	B	G	É	S	N	E	L	T	E	Z	N	Ö
G	É	S	I	R	E	B	M	E	U	E	É	I	I	O	F
S	P	X	A	O	S	O	T	J	C	R	S	N	N	P	I
D	F	R	X	E	N	V	O	R	G	A	S	T	T	T	L
S	U	M	Z	I	L	A	E	R	Á	N	Z	E	E	I	O
C	M	I	S	I	J	H	L	P	S	C	E	G	S	M	Z
W	U	E	W	C	C	T	P	I	Ó	I	R	R	É	I	Ó
K	E	D	V	E	S	S	É	G	T	A	Ű	I	G	Z	F
X	D	K	O	O	Z	B	L	T	L	Á	G	T	T	M	I
T	Ü	R	E	L	E	M	Z	G	É	L	S	Á	S	U	A
É	R	T	É	K	E	K	C	F	M	A	M	S	Y	S	I
E	G	Y	Ü	T	T	É	R	Z	É	S	L	F	J	G	V
J	Ó	I	N	D	U	L	A	T	Ú	S	F	X	O	W	N
D	I	P	L	O	M	Á	C	I	A	I	B	E	T	S	W

ÖNZETLENSÉG
JÓINDULATÚ
KEDVESSÉG
EGYÜTTÉRZÉS
MÉLTÓSÁG
DIPLOMÁCIAI
FILOZÓFIA
ŐSZINTESÉG
EMBERISÉG
INTEGRITÁS
OPTIMIZMUS
TÜRELEM
RACIONALITÁS
ÉSSZERŰ
REALIZMUS
TOLERANCIA
ÉRTÉKEK

7 - Tempo

L	J	W	A	D	R	T	A	M	U	I	Y	Ó	T	E	I
A	K	V	B	H	E	H	T	X	U	E	A	R	M	Z	F
Y	H	J	M	Ó	G	L	L	D	B	Z	G	A	A	J	B
W	X	P	A	N	G	E	T	S	N	P	P	E	R	C	I
S	P	E	C	A	E	B	T	V	A	P	A	É	C	P	O
L	R	X	U	P	L	É	D	B	U	L	N	V	É	Z	D
C	Y	T	A	N	A	L	L	I	P	S	U	E	Y	I	G
B	L	D	É	Ő	A	O	A	H	S	N	B	S	L	B	J
M	S	N	G	V	Y	P	I	D	H	Y	F	V	K	M	Z
S	O	B	H	Ö	T	L	T	É	H	K	D	J	H	H	B
Z	L	S	J	J	T	I	D	Á	H	Y	E	Y	D	E	N
Á	E	W	T	G	Ő	H	Z	S	R	T	B	V	C	N	I
Z	O	A	L	I	L	Y	J	E	É	J	S	Z	A	K	A
A	W	C	Ú	T	E	T	X	N	D	V	R	Z	C	I	B
D	Z	C	M	T	E	T	W	G	C	Z	T	I	K	X	C
T	I	P	U	Y	M	I	Z	E	H	D	E	Y	U	U	F

MOST
ÉV
ELŐTT
ÉVES
NAPTÁR
ÉVTIZED
NAP
JÖVŐ
MA
ÓRA
REGGEL
DÉL
HÓNAP
PERC
PILLANAT
ÉJSZAKA
TEGNAP
MÚLT
HÉT
SZÁZAD

8 - Astronomia

F	T	P	Ű	N	F	M	U	Z	R	E	V	I	N	U	I
A	D	I	O	R	E	T	Z	S	A	J	S	Y	J	G	K
H	M	F	N	S	H	E	L	X	K	H	Á	Z	Y	B	O
F	V	K	É	F	S	A	O	U	É	B	Z	C	L	Z	Z
K	L	I	G	É	N	S	J	A	T	J	O	D	P	Z	M
S	U	G	Á	R	Z	Á	S	Ó	A	J	K	L	M	S	O
K	Ü	B	V	A	Y	V	T	S	S	J	T	O	Y	Á	S
Ö	S	I	X	A	L	A	G	L	F	X	A	H	R	G	Z
D	T	M	K	E	K	S	M	E	W	K	Y	W	M	A	Ó
F	Ö	K	L	E	Y	Y	T	E	T	C	G	W	C	L	U
O	K	N	I	J	P	F	T	B	T	T	O	E	Y	L	J
L	Ö	J	E	D	A	K	K	Y	L	E	F	P	C	I	P
T	S	F	Ö	L	D	R	W	F	K	U	O	B	S	S	L
V	U	P	Z	Ó	I	C	Á	T	I	V	A	R	G	C	K
S	Z	U	P	E	R	N	Ó	V	A	O	M	D	P	T	N
C	S	I	L	L	A	G	K	É	P	K	U	K	I	X	T

ASZTEROIDA
ŰRHAJÓS
CSILLAGÁSZ
ÉGI
ÉG
ÜSTÖKÖS
CSILLAGKÉP
KOZMOSZ
FOGYATKOZÁS
RAKÉTA
GALAXIS
GRAVITÁCIÓ
HOLD
METEOR
KÖDFOLT
BOLYGÓ
SUGÁRZÁS
SZUPERNÓVA
FÖLD
UNIVERZUM

9 - Acampamento

T	E	R	M	É	S	Z	E	T	T	O	B	Z	R	F	F
A	Á	E	S	K	K	J	Ű	N	Ó	P	X	I	J	B	Ü
Z	L	R	I	A	S	L	B	T	A	V	K	T	D	Y	G
S	L	D	G	L	K	A	L	A	P	É	K	R	É	T	G
Á	A	Ő	H	A	Á	C	É	M	X	I	X	O	W	H	Ő
D	T	G	J	N	F	U	T	F	K	G	I	T	K	J	Á
A	O	J	H	D	R	P	Ö	V	S	E	S	Á	I	Y	G
V	K	R	D	G	M	L	K	D	C	J	N	S	R	E	Y
G	K	Y	O	J	B	O	O	R	X	B	I	U	Á	P	K
A	I	M	I	V	P	P	I	P	G	B	B	N	N	P	M
H	E	G	Y	K	A	N	K	C	M	B	A	O	Y	W	F
C	K	Y	I	U	W	R	U	T	R	G	K	F	T	K	O
F	E	L	S	Z	E	R	E	L	É	S	M	X	Ű	X	S
I	N	M	D	R	W	B	M	J	Z	H	F	C	W	L	K
H	F	Y	N	X	A	I	A	G	P	F	A	Y	P	B	N
L	V	I	C	L	V	H	O	L	D	V	N	P	V	Y	I

ÁLLATOK
KALAND
FÁK
IRÁNYTŰ
KABIN
VADÁSZAT
KENU
KALAP
KÖTÉL
FELSZERELÉS
ERDŐ
TŰZ
ROVAR
TÓ
HOLD
FÜGGŐÁGY
TÉRKÉP
HEGY
TERMÉSZET
SÁTOR

10 - Ficção Científica

Z	F	A	I	P	O	T	S	Y	D	V	F	B	B	F	I
G	O	I	G	A	V	T	R	E	A	O	U	O	Z	A	L
O	M	G	K	W	F	P	A	L	E	M	T	L	J	N	L
G	J	Ó	D	Ö	E	J	Z	H	Z	P	U	Y	R	T	Ú
N	R	L	S	Á	N	A	B	B	O	R	R	G	O	A	Z
I	L	O	V	Á	T	Y	N	U	M	G	I	Ó	I	S	I
M	U	N	B	J	N	I	V	J	G	A	S	E	J	Z	Ó
O	T	H	U	O	T	Z	D	E	Z	L	Z	Ű	T	T	R
T	Ó	C	W	D	T	U	B	O	K	A	T	K	W	I	E
A	P	E	E	A	R	O	P	A	F	X	I	A	K	K	J
G	I	T	M	T	N	E	K	Z	X	I	K	Z	D	U	T
A	A	V	I	L	Á	G	L	L	P	S	U	S	O	S	É
W	S	E	G	É	S	Ő	S	L	É	Z	S	F	E	M	L
K	É	P	Z	E	L	E	T	B	E	L	I	N	O	V	Y
C	H	C	P	J	Ó	S	L	A	T	T	E	X	G	U	E
S	D	U	F	B	X	P	C	W	P	J	T	T	W	P	S

ATOMI
MOZI
TÁVOLI
DYSTOPIA
ROBBANÁS
SZÉLSŐSÉGES
FANTASZTIKUS
TŰZ
FUTURISZTIKUS
GALAXIS
ILLÚZIÓ
KÉPZELETBELI
KÖNYVEK
REJTÉLYES
VILÁG
JÓSLAT
BOLYGÓ
ROBOTOK
TECHNOLÓGIA
UTÓPIA

11 - Mitologia

H	M	D	I	A	D	A	L	M	A	S	P	L	T	U	Z
E	A	W	Y	F	B	J	C	Á	J	U	B	E	E	V	G
U	F	L	Y	S	M	N	X	L	O	P	H	G	R	H	U
Y	Ó	O	A	Y	S	W	F	L	L	Í	A	E	E	H	L
B	R	C	S	N	É	M	É	I	U	T	R	N	M	D	S
O	T	C	T	É	D	V	L	V	T	E	C	D	T	V	U
S	Z	V	G	M	E	Ó	T	U	A	H	O	A	É	F	T
S	S	R	F	T	K	J	É	M	Ő	C	S	V	S	F	N
Z	A	H	M	M	L	H	K	Á	K	R	F	C	D	T	I
Ú	T	G	G	E	E	W	E	G	C	A	E	S	K	V	R
M	A	Y	P	R	S	U	N	I	G	J	F	V	Y	Y	I
E	K	N	L	E	I	B	Y	K	V	E	O	U	G	Z	B
D	E	R	S	T	V	H	S	U	K	U	L	T	Ú	R	A
Y	T	Ö	Y	B	T	D	É	S	J	H	Ő	S	N	Ő	L
K	Z	Z	T	D	P	A	G	V	X	P	I	W	A	V	I
H	Ő	S	M	E	N	N	Y	D	Ö	R	G	É	S	E	Y

ARCHETÍPUS
FÉLTÉKENYSÉG
VISELKEDÉS
TEREMTÉS
TEREMTMÉNY
KULTÚRA
KATASZTRÓFA
ERŐ
HARCOS
HŐSNŐ
HŐS
LABIRINTUS
LEGENDA
MÁGIKUS
SZÖRNY
HALANDÓ
VILLÁM
DIADALMAS
MENNYDÖRGÉS
BOSSZÚ

12 - Medições

V	M	D	B	Z	E	P	T	M	E	L	K	M	G	E	O
I	X	Z	Á	M	E	B	I	O	J	I	I	G	É	C	G
F	K	M	J	F	X	H	Z	U	P	Y	L	Ú	S	R	P
O	S	V	T	V	C	R	E	P	W	K	O	P	Y	E	Ő
K	Z	I	A	J	P	V	D	O	H	O	M	V	L	T	X
O	É	D	T	R	K	K	E	C	D	X	É	G	É	É	O
Z	L	P	Ö	J	T	Z	S	S	O	H	T	R	M	M	J
A	E	I	M	H	Ü	V	E	L	Y	K	E	A	V	I	A
T	S	T	E	I	J	L	V	D	R	J	R	M	S	T	X
O	S	S	G	C	K	U	I	L	L	O	T	M	V	N	J
Y	É	H	Z	A	N	N	O	T	Y	O	P	B	X	E	H
W	G	I	G	J	S	C	U	J	E	X	I	H	F	C	S
I	J	B	P	F	T	I	L	G	V	R	L	J	H	O	U
U	R	Y	X	O	X	A	Z	E	S	Z	R	C	G	Y	X
K	I	L	O	G	R	A	M	M	J	G	P	Y	R	D	X
J	F	F	M	A	G	A	S	S	Á	G	M	N	H	Z	M

MAGASSÁG
BÁJT
CENTIMÉTER
HOSSZ
TIZEDES
GRAMM
FOKOZAT
SZÉLESSÉG
LITER
TÖMEG
MÉRŐ
PERC
UNCIA
SÚLY
HÜVELYK
MÉLYSÉG
KVART
KILOGRAMM
KILOMÉTER
TONNA

13 - Álgebra

M	E	G	O	L	D	Á	S	I	R	Á	E	N	I	L	D
Á	Ő	V	E	T	I	K	I	J	M	K	K	Y	B	W	I
Z	L	Z	V	T	N	U	M	I	Ó	O	I	F	E	H	A
S	G	J	E	J	V	I	A	W	S	Z	V	Y	S	R	G
S	A	K	B	Y	F	O	H	P	L	Z	O	W	Y	G	R
Z	Y	P	D	X	N	E	I	T	C	W	N	T	A	C	A
Á	P	R	O	B	L	É	M	A	Ö	E	Á	A	L	P	M
R	M	J	E	M	V	V	T	H	P	R	S	S	L	Á	J
Ó	E	E	G	Á	É	U	W	M	O	N	E	W	U	Y	V
J	N	M	Y	T	G	E	Z	S	S	Ö	N	D	N	E	V
E	N	K	E	R	T	G	V	I	W	A	M	G	É	R	X
L	Y	É	N	I	E	F	L	S	U	N	W	O	V	K	D
V	I	P	L	X	L	W	P	F	X	G	G	F	H	H	W
F	S	L	E	V	E	I	U	A	D	I	X	J	H	G	V
B	É	E	T	O	N	N	S	J	R	C	N	Y	V	Z	V
V	G	T	E	G	Y	S	Z	E	R	Ű	S	Í	T	É	S

DIAGRAM
EGYENLET
KITEVŐ
HAMIS
TÉNYEZŐ
KÉPLET
TÖREDÉK
VÉGTELEN
LINEÁRIS
MÁTRIX
SZÁM
ZÁRÓJEL
PROBLÉMA
MENNYISÉG
EGYSZERŰSÍTÉS
MEGOLDÁS
ÖSSZEG
KIVONÁS
VÁLTOZÓ
NULLA

14 - Plantas

N	Ö	V	É	N	Y	V	I	L	Á	G	W	G	N	B	G
Z	G	B	J	P	U	Ő	C	Y	W	V	I	Y	E	O	Y
N	X	A	J	I	K	H	D	T	L	L	B	R	Z	K	Ó
E	V	O	T	K	S	Z	I	R	O	M	E	A	C	O	G
G	J	S	A	H	K	V	A	E	E	G	C	F	B	R	Y
P	Y	B	Z	C	G	Y	Ö	K	É	R	L	P	P	W	N
U	P	P	O	S	O	E	F	L	A	U	F	Ű	B	G	Ö
H	G	N	B	R	A	K	I	N	A	T	O	B	R	N	V
P	B	J	M	W	O	Z	R	T	F	T	P	O	B	O	É
I	E	T	O	V	Z	S	U	B	M	A	B	G	N	V	N
N	P	O	L	B	B	U	T	Y	F	C	V	Y	S	G	Y
T	R	Á	G	Y	A	T	Y	Y	G	J	G	Ó	Y	D	I
S	Z	L	W	I	M	K	Z	S	Á	P	M	S	V	S	R
F	O	V	Z	V	B	A	J	P	R	N	O	Z	C	F	I
P	D	Z	D	J	Z	K	A	L	I	L	H	O	Z	A	V
N	Ö	V	É	N	Y	Z	E	T	V	D	A	T	N	Z	R

BOKOR
FA
BOGYÓ
BAMBUSZ
BOTANIKA
KAKTUSZ
GYÓGYNÖVÉNY
BAB
TRÁGYA
VIRÁG
NÖVÉNYVILÁG
ERDŐ
LOMBOZAT
FŰ
BOROSTYÁN
KERT
MOHA
SZIROM
GYÖKÉR
NÖVÉNYZET

15 - Engenharia

E	W	S	Z	X	H	A	P	T	A	X	T	D	E	A	O
X	T	S	L	E	W	B	A	I	G	R	E	N	E	A	X
D	V	É	E	Y	U	R	I	G	A	O	N	P	W	Y	N
S	Á	T	I	L	I	B	A	T	S	T	G	Ö	Z	S	M
F	G	Í	T	E	O	O	E	D	A	O	E	F	B	R	B
S	M	P	C	Z	O	S	P	F	M	M	L	D	K	N	Á
D	Ú	É	C	Í	E	A	Z	R	O	P	Y	O	T	K	T
I	W	R	R	D	O	T	C	L	G	É	S	Y	L	É	M
A	B	B	L	É	G	I	E	O	Á	G	Á	H	G	D	É
G	X	T	W	Ó	S	E	X	H	I	S	T	G	O	A	R
R	T	I	K	C	D	F	E	C	G	P	Í	F	G	Y	Ő
A	T	T	B	D	F	Á	S	L	W	S	M	M	G	L	R
M	K	J	A	Y	K	H	S	T	Z	F	Á	M	I	O	E
S	Z	E	R	K	E	Z	E	T	G	X	Z	G	F	F	W
M	É	R	E	T	E	K	W	D	J	V	S	J	F	M	G
M	E	G	H	A	J	T	Á	S	U	Y	N	N	J	X	I

SÚRLÓDÁS
SZÖG
SZÁMÍTÁS
ÉPÍTÉS
DIAGRAM
ÁTMÉRŐ
DÍZEL
MÉRETEK
ELOSZLÁS
TENGELY
ENERGIA
STABILITÁS
SZERKEZET
ERŐ
FOLYADÉK
GÉP
MÉRÉS
MOTOR
MÉLYSÉG
MEGHAJTÁS

16 - Restaurante # 2

P	G	N	N	K	M	S	O	P	Y	I	U	P	X	N	I
J	I	L	F	H	B	X	B	W	K	A	T	Z	S	É	T
U	M	N	V	R	C	J	T	V	H	T	P	A	P	X	W
N	C	F	C	I	H	Z	P	A	J	R	F	P	L	I	X
K	V	G	D	É	D	T	H	C	O	O	G	T	G	B	Y
B	N	J	N	S	R	W	C	S	Y	T	I	Z	V	T	Y
Y	P	I	G	G	A	X	N	O	G	R	Z	Í	V	H	P
G	Y	Ü	M	Ö	L	C	S	R	Y	F	Ö	P	O	A	Y
S	Z	É	K	L	N	S	E	A	K	N	L	D	P	L	J
L	E	V	E	S	A	C	P	B	E	Ó	D	É	B	E	O
K	A	N	Á	L	O	C	N	A	R	D	S	C	D	Y	G
S	A	L	Á	T	A	T	J	L	E	T	É	Ő	L	E	D
U	E	A	O	G	X	I	H	L	Z	B	G	J	É	G	T
O	M	B	W	T	I	T	J	I	S	D	E	J	K	V	R
F	I	N	O	M	C	F	Y	V	Ű	R	K	G	C	Z	U
H	R	A	K	K	G	L	I	C	F	N	O	W	J	W	Y

EBÉD
ELŐÉTEL
VÍZ
ITAL
TORTA
SZÉK
KANÁL
FINOM
FŰSZEREK
GYÜMÖLCS

PINCÉR
VILLA
JÉG
VACSORA
ZÖLDSÉGEK
TÉSZTA
HAL
SÓ
SALÁTA
LEVES

17 - Países #2

D	Y	U	K	R	A	J	N	A	A	O	Z	H	F	K	M
N	Á	P	A	J	I	W	X	C	O	G	S	Y	T	B	N
O	D	B	E	O	R	H	A	I	T	I	W	N	K	K	W
N	R	Á	X	L	Í	H	I	A	U	R	P	A	S	D	I
A	U	O	N	Z	Z	M	L	M	V	U	M	O	N	V	N
B	G	F	S	I	S	R	Á	A	M	E	X	I	K	Ó	D
I	A	W	L	Z	A	D	M	J	W	K	W	D	H	T	O
L	N	G	D	E	O	P	O	N	I	G	É	R	I	A	N
H	D	Z	J	Y	A	R	Z	A	L	B	Á	N	I	A	É
I	A	A	Z	Y	T	A	S	N	E	P	Á	L	L	L	Z
Í	R	O	R	S	Z	Á	G	Z	O	S	R	G	Z	F	I
G	L	N	M	K	J	R	U	J	Á	D	R	X	W	R	A
P	A	K	I	S	Z	T	Á	N	W	G	A	P	L	A	J
G	Ö	R	Ö	G	O	R	S	Z	Á	G	J	M	X	O	H
L	A	O	S	Z	G	G	R	S	A	K	J	D	U	O	J
F	R	A	N	C	I	A	O	R	S	Z	Á	G	I	N	Z

ALBÁNIA
DÁNIA
FRANCIAORSZÁG
GÖRÖGORSZÁG
HAITI
INDONÉZIA
ÍRORSZÁG
JAMAICA
JAPÁN
LAOSZ
LIBANON
MEXIKÓ
NEPÁL
NIGÉRIA
PAKISZTÁN
OROSZORSZÁG
SZÍRIA
SZOMÁLIA
UKRAJNA
UGANDA

18 - Cozinha

H	Ű	T	Ő	S	Z	E	K	R	É	N	Y	F	M	K	Y
U	Y	G	X	H	B	Y	R	N	X	D	I	U	É	Ö	N
B	X	L	F	S	F	V	X	M	H	W	B	N	L	T	U
K	E	R	E	Z	S	Ű	F	F	Z	F	H	W	Y	É	J
E	O	D	C	K	A	N	C	S	Ó	F	R	E	H	N	O
S	L	R	Ó	L	A	R	R	O	F	Z	Í	V	Ű	Y	V
É	D	B	S	V	I	L	L	A	V	J	C	Z	T	N	K
K	B	F	C	Ó	H	T	A	K	X	U	J	X	Ő	B	L
G	C	L	A	V	K	L	Á	N	A	K	Ő	R	E	M	I
T	N	P	V	G	R	I	L	L	A	Y	V	Y	B	A	Y
P	W	N	I	A	Z	G	Y	H	O	K	O	O	T	T	W
E	K	É	Z	S	É	S	C	S	Z	A	L	V	É	T	A
C	N	C	S	S	Ü	T	Ő	B	J	N	Á	A	S	V	M
E	A	N	K	O	X	G	I	K	W	E	T	H	E	V	D
R	K	D	I	I	N	L	C	T	C	F	U	V	V	I	C
C	Z	U	J	C	P	U	R	E	D	C	T	B	A	D	L

KÖTÉNY
VÍZFORRALÓ
KANALAK
ENNI
MERŐKANÁL
CSÉSZÉK
FŰSZEREK
SZIVACS
KÉSEK
SÜTŐ

MÉLYHŰTŐ
VILLA
HŰTŐSZEKRÉNY
GRILL
SZALVÉTA
KORSÓ
KANCSÓ
RECEPT
TÁL

19 - Material de Arte

G	J	W	T	F	L	T	F	F	O	K	A	M	R	F	B
Z	A	E	U	C	P	I	A	E	Z	R	K	U	A	E	D
I	E	I	K	C	A	N	S	S	A	E	V	K	G	S	Z
S	D	T	P	T	S	T	Z	T	G	A	A	S	A	T	E
A	A	I	F	C	A	A	É	Ő	Y	T	R	X	S	É	S
E	C	S	E	T	E	K	N	Á	A	I	E	W	Z	K	E
S	Z	Í	N	E	K	H	M	L	G	V	L	R	T	E	K
K	A	M	E	R	A	V	U	L	R	I	L	I	Ó	K	Y
J	R	A	A	K	V	R	U	V	A	T	E	M	R	I	W
M	R	A	Y	B	P	B	E	Á	D	Á	K	U	V	K	E
N	U	V	K	K	A	A	Z	N	Í	S	F	D	E	Á	A
O	L	A	J	V	P	L	S	Y	R	V	K	G	B	Z	O
C	M	P	X	X	Í	Y	E	Z	W	X	Z	Z	I	U	A
H	E	Y	B	V	R	L	L	E	T	Z	S	A	P	R	N
S	Z	É	K	Í	Z	Z	I	M	T	A	Z	C	K	E	G
G	G	Y	G	Z	N	P	V	Y	O	Z	L	K	V	C	W

AKRIL
RADÍR
AKVARELLEK
AGYAG
VÍZ
SZÉK
FASZÉN
FESTŐÁLLVÁNY
KAMERA
RAGASZTÓ
SZÍNEK
KREATIVITÁS
ECSETEK
CERUZÁK
ASZTAL
OLAJ
PAPÍR
PASZTELL
TINTA
FESTÉKEK

20 - Números

N	J	K	M	O	R	Á	H	N	E	Z	I	T	T	É	H
É	X	T	Ö	E	I	I	D	Ú	S	W	H	Ö	I	B	J
G	W	A	I	L	G	D	D	X	S	E	Á	N	Z	R	R
Y	X	H	M	Z	U	Y	T	O	E	Z	R	E	E	K	J
N	U	L	L	A	E	C	H	I	D	Z	O	Z	N	K	B
U	V	C	L	O	Y	N	O	Y	E	V	M	I	N	Y	R
M	Ő	E	C	W	V	E	H	G	Z	C	T	T	Y	V	F
M	T	T	E	A	C	L	Z	É	I	T	I	X	O	U	J
J	T	P	D	J	D	I	M	N	T	I	O	B	L	W	B
K	E	T	T	Ő	F	K	X	N	J	Z	Z	A	C	J	P
F	K	X	S	M	W	L	G	E	P	E	C	P	E	C	G
R	N	N	F	P	Z	V	C	Z	P	N	D	L	M	D	T
G	E	W	T	Í	Z	I	M	I	Z	H	W	F	N	C	W
L	Z	M	O	O	A	M	Y	T	W	A	J	Y	J	M	J
V	I	G	T	P	V	W	E	G	U	T	C	X	P	G	X
S	T	F	E	O	V	U	N	N	T	D	P	V	E	C	L

ÖT
TIZEDES
TÍZ
TIZENHAT
TIZENHÉT
TIZENNYOLC
KETTŐ
TIZENKETTŐ
KILENC
NYOLC

TIZENNÉGY
NÉGY
TIZENÖT
HAT
HÉT
TIZENHÁROM
HÁROM
EGY
HÚSZ
NULLA

21 - Física

M	E	C	H	A	N	I	K	A	B	K	Á	O	S	Z	G
Z	I	R	O	G	É	S	S	E	B	E	S	G	B	O	Y
Z	Z	F	N	B	C	A	N	K	D	Z	S	D	W	X	O
M	Á	G	N	E	S	E	S	S	É	G	Ű	T	S	P	R
M	O	L	E	K	U	L	A	C	A	K	R	L	J	H	S
W	N	T	M	M	N	I	X	E	N	É	Ű	X	J	V	U
G	Á	Z	A	E	T	G	S	Z	G	P	S	C	K	E	L
X	L	U	R	X	E	J	G	S	A	L	É	U	É	G	Á
E	L	E	K	T	R	O	N	É	D	E	G	G	M	Y	S
E	W	E	C	Y	D	P	N	R	O	T	O	M	I	E	A
T	I	F	R	E	K	V	E	N	C	I	A	L	A	T	G
G	N	U	K	L	E	Á	R	I	S	S	E	I	I	E	J
R	E	L	A	T	I	V	I	T	Á	S	X	H	D	M	X
D	C	M	W	D	N	T	V	L	T	J	Z	K	U	E	F
O	E	R	Ö	B	Z	U	V	E	U	S	Y	K	J	S	W
Ó	I	C	Á	T	I	V	A	R	G	G	H	Z	S	W	M

GYORSULÁS
ATOM
KÁOSZ
SŰRŰSÉG
ELEKTRON
KÉPLET
FREKVENCIA
GÁZ
GRAVITÁCIÓ
MÁGNESESSÉG
TÖMEG
MECHANIKA
MOLEKULA
MOTOR
NUKLEÁRIS
RÉSZECSKE
KÉMIAI
RELATIVITÁS
EGYETEMES
SEBESSÉG

22 - Especiarias

G	W	P	G	V	M	Y	M	K	Y	Y	B	G	D	D	F
A	G	V	K	Z	H	L	B	O	N	L	R	G	A	O	O
Í	G	T	L	E	G	G	O	R	É	B	M	Ö	Y	G	K
Z	P	L	X	C	O	E	R	I	M	W	O	O	R	É	H
X	K	E	S	E	R	Ű	S	A	Ö	R	M	W	R	D	A
S	L	T	K	V	X	R	E	N	K	H	A	M	U	E	G
X	J	T	B	L	U	C	D	D	S	M	D	Z	C	S	Y
G	U	Z	U	K	B	U	C	E	E	T	R	K	K	G	M
H	D	J	Y	L	Y	L	V	R	D	A	A	C	Ö	Y	A
Y	A	F	A	H	É	J	V	A	É	Y	K	T	M	Ö	L
W	R	G	X	U	D	V	K	I	N	X	C	U	É	K	Á
J	P	K	Y	N	Á	R	F	Á	S	Í	É	K	N	É	N
W	G	T	U	M	T	A	Z	Y	A	M	L	D	Y	R	I
H	W	I	W	C	A	Y	M	G	Y	Z	I	I	E	Y	Z
S	A	V	A	N	Y	Ú	U	K	R	F	O	B	A	S	S
S	Z	E	R	E	C	S	E	N	D	I	Ó	S	V	G	W

SÁFRÁNY
ÉDESGYÖKÉR
FOKHAGYMA
KESERŰ
ÁNIZS
SAVANYÚ
VANÍLIA
FAHÉJ
KARDAMOM
CURRY
HAGYMA
KORIANDER
KÖMÉNY
ÉDES
ÉDESKÖMÉNY
GYÖMBÉR
SZERECSENDIÓ
BORS
ÍZ
SÓ

23 - Países #1

V	F	N	N	D	H	E	T	J	D	D	I	O	G	N	I
E	F	É	N	I	I	Y	B	R	R	M	N	S	Á	Z	C
N	R	M	T	G	C	S	U	E	B	A	D	T	Z	T	S
E	Y	E	W	L	E	A	R	Z	I	L	I	G	S	W	P
Z	I	T	A	E	T	M	R	M	I	I	A	H	R	K	A
U	F	O	I	C	D	A	L	A	I	R	A	K	O	A	N
E	R	R	G	V	X	N	C	H	G	A	B	F	L	M	Y
L	T	S	É	L	D	A	I	D	M	U	D	K	E	B	O
A	H	Z	V	X	D	P	J	X	R	C	A	Y	Y	O	L
T	K	Á	R	F	I	N	N	O	R	S	Z	Á	G	D	O
D	V	G	O	T	H	J	K	W	J	O	M	B	N	Z	R
S	Z	E	N	E	G	Á	L	A	K	X	D	A	E	S	S
M	A	R	O	K	K	Ó	Y	A	N	Y	M	A	L	A	Z
B	R	A	Z	Í	L	I	A	X	H	A	N	W	U	G	Á
O	L	A	S	Z	O	R	S	Z	Á	G	D	J	Z	C	G
E	G	Y	I	P	T	O	M	G	W	X	B	A	E	J	E

NÉMETORSZÁG
BRAZÍLIA
KAMBODZSA
KANADA
EGYIPTOM
ECUADOR
SPANYOLORSZÁG
FINNORSZÁG
IRAK
IZRAEL
OLASZORSZÁG
INDIA
MALI
MAROKKÓ
NICARAGUA
NORVÉGIA
PANAMA
LENGYELORSZÁG
SZENEGÁL
VENEZUELA

24 - A Mídia

M	S	X	N	N	V	A	F	F	H	D	T	A	M	P	Ó
B	A	F	J	P	E	T	I	O	Á	C	E	T	S	N	I
U	Z	K	P	M	F	H	P	T	L	I	L	T	S	J	C
Y	I	N	Z	E	W	P	A	Ó	Ó	U	E	I	Á	Z	Á
U	K	E	Y	N	É	T	R	K	Z	I	V	T	Z	N	K
D	R	Y	Y	I	H	N	S	V	A	M	Í	Ű	O	R	I
U	E	G	T	L	L	E	I	A	T	L	Z	D	R	S	N
V	X	R	J	N	B	V	L	B	B	E	I	Ö	Í	I	U
Y	F	I	V	O	V	W	Á	Y	S	D	Ó	K	Z	L	M
E	G	Y	É	N	I	Z	A	N	I	E	D	F	S	Á	M
S	Z	E	L	L	E	M	I	N	O	K	R	B	N	T	O
B	D	X	L	M	U	S	U	W	Z	S	Á	D	A	I	K
V	L	B	U	R	T	X	N	O	E	E	D	P	N	G	Z
H	D	V	É	L	E	M	É	N	Y	R	I	V	I	I	V
Ú	J	S	Á	G	O	K	S	F	X	E	Ó	P	F	D	G
R	F	C	L	G	S	Á	T	A	T	K	O	T	D	M	U

ATTITŰDÖK
KERESKEDELMI
KOMMUNIKÁCIÓ
DIGITÁLIS
KIADÁS
OKTATÁS
TÉNYEK
FINANSZÍROZÁS
FOTÓK
EGYÉNI
IPAR
SZELLEMI
ÚJSÁGOK
HELYI
ONLINE
VÉLEMÉNY
NYILVÁNOS
RÁDIÓ
HÁLÓZAT
TELEVÍZIÓ

25 - Casa

M	L	J	V	A	T	L	S	L	F	B	B	C	Z	K	K
E	X	M	M	K	S	V	J	H	N	Ú	L	P	A	Ö	M
N	P	W	P	I	E	Ű	L	X	Ó	T	J	A	O	N	B
N	K	M	C	K	Z	R	G	A	B	O	Z	S	N	Y	A
Y	C	H	A	I	U	P	Í	O	E	R	S	C	B	V	E
E	N	G	N	A	H	E	V	T	A	X	Ö	W	Y	T	O
Z	K	E	G	F	A	S	W	X	É	E	O	K	I	Á	B
E	P	N	T	V	N	C	K	W	J	S	K	O	Ü	R	S
T	O	G	K	N	Y	M	Y	P	D	Á	O	S	Y	T	F
F	Ü	G	G	Ö	N	Y	Ö	K	O	L	N	C	H	I	A
C	S	Z	Ő	N	Y	E	G	A	X	D	Y	L	Z	E	L
K	R	K	A	N	D	A	L	L	Ó	A	H	U	G	D	A
R	E	J	M	F	T	L	T	B	S	P	A	K	E	X	W
Z	Y	R	O	R	R	T	F	A	W	H	H	K	B	T	B
P	B	Y	T	R	E	K	B	N	N	D	E	X	S	N	L
G	A	R	Á	Z	S	Y	V	J	G	O	E	N	F	R	V

KÖNYVTÁR
KERÍTÉS
KULCSOK
ZUHANY
FÜGGÖNYÖK
KONYHA
TÜKÖR
GARÁZS
ABLAK
KERT
KANDALLÓ
BÚTOR
FAL
AJTÓ
SZOBA
PADLÁS
SZŐNYEG
MENNYEZET
CSAP
SEPRŰ

26 - Vegetais

M	Z	E	L	L	E	R	B	Y	C	T	Ó	N	E	P	S
E	O	N	D	J	D	A	R	U	Y	V	Ö	X	J	D	Y
Y	V	G	H	I	D	C	D	D	R	X	B	K	H	I	Z
L	A	M	Y	G	A	H	K	O	F	G	J	X	T	U	L
E	B	I	L	O	K	K	O	R	B	T	O	J	L	O	P
S	M	O	A	W	R	P	Y	B	T	U	G	N	N	C	Y
Z	O	F	K	W	H	Ó	S	R	O	B	T	E	Y	O	E
E	G	O	Ó	G	D	Z	H	P	K	E	C	I	M	A	R
R	N	Á	S	Z	I	L	D	A	P	U	T	K	R	P	G
T	O	U	C	R	P	P	W	O	G	E	Z	I	F	É	Y
E	G	F	I	W	I	F	C	G	H	Y	U	I	H	R	Ö
P	N	C	T	S	N	Y	C	K	Z	B	M	G	Z	R	M
V	P	Y	R	O	C	L	P	E	E	W	S	A	Y	É	B
K	Z	B	A	S	A	L	Á	T	A	M	Y	G	A	H	É
N	H	T	R	F	H	P	Y	E	E	K	J	U	K	E	R
U	B	O	R	K	A	P	É	R	A	G	R	Á	S	F	N

TÖK
ZELLER
ARTICSÓKA
FOKHAGYMA
BURGONYA
PADLIZSÁN
BROKKOLI
HAGYMA
SÁRGARÉPA
MOGYORÓHAGYMA
GOMBA
BORSÓ
SPENÓT
GYÖMBÉR
FEHÉRRÉPA
UBORKA
RETEK
SALÁTA
PETREZSELYEM

27 - Balé

F	K	S	Á	T	I	Z	N	E	T	N	I	T	G	K	S
K	É	S	Z	S	É	G	E	N	E	Z	R	H	S	Ö	L
A	L	L	C	C	A	K	I	N	H	C	E	T	V	Z	K
I	E	X	K	I	C	F	C	F	E	S	E	M	T	Ö	E
C	B	F	F	X	N	I	U	G	G	S	R	P	A	N	C
K	I	F	E	J	E	Z	Ő	Y	E	M	Z	Y	P	S	S
T	M	L	V	Z	B	S	D	A	S	I	V	E	S	É	E
Á	B	M	L	X	V	É	B	K	Z	X	V	I	R	G	S
N	L	A	Ó	W	C	V	N	O	T	E	N	K	T	Z	I
C	B	L	L	S	J	Ű	A	R	U	J	K	O	E	F	Ő
O	H	A	Ó	E	T	M	M	L	S	E	T	B	R	N	O
S	J	L	Z	J	R	Í	T	A	U	R	I	T	M	U	S
O	F	D	S	S	R	I	L	T	D	N	K	N	Z	E	V
K	W	V	J	C	L	Z	N	U	P	R	Ó	B	A	N	T
Z	E	N	E	K	A	R	W	A	S	M	H	V	H	X	O
K	O	R	E	O	G	R	Á	F	I	A	O	U	R	R	P

TAPS
MŰVÉSZI
BALERINA
ZENESZERZŐ
KOREOGRÁFIA
TÁNCOSOK
PRÓBA
STÍLUS
KIFEJEZŐ
GESZTUS
KECSES
KÉSZSÉG
INTENZITÁS
ZENE
ZENEKAR
GYAKORLAT
KÖZÖNSÉG
RITMUS
SZÓLÓ
TECHNIKA

28 - Adjetivos #1

L	M	L	R	P	Ő	A	L	Z	N	W	K	L	A	G	K
O	A	X	N	R	S	B	D	I	A	L	Y	N	A	W	W
V	E	S	J	T	Z	S	P	S	G	R	O	X	W	B	P
E	S	H	S	E	I	Z	Y	Z	Y	L	O	M	O	K	L
P	O	T	O	Ú	N	O	I	Z	L	A	R	O	M	Á	S
O	M	Ö	N	I	T	L	R	X	E	M	J	L	F	L	E
A	S	K	O	H	E	Ú	F	X	L	O	P	T	Z	S	K
Y	O	É	Z	V	M	T	D	P	K	Z	B	C	V	Ö	É
W	L	L	A	B	H	O	Y	J	Ű	A	X	J	É	T	T
W	B	E	Z	P	Y	G	D	W	J	C	F	W	K	É	R
T	Y	T	G	D	Z	É	H	E	N	S	O	M	O	T	É
N	V	E	Ó	R	I	Á	S	I	R	Y	N	D	N	L	Z
T	O	S	X	V	D	J	W	T	E	N	T	S	Y	C	V
X	N	Y	D	C	A	S	U	K	I	T	O	Z	G	E	N
I	Z	S	É	V	Ű	M	W	R	V	V	S	B	A	C	D
P	Ó	R	E	J	T	É	L	Y	E	S	J	U	N	Z	G

ABSZOLÚT
AROMÁS
MŰVÉSZI
VONZÓ
ÓRIÁSI
SÖTÉT
EGZOTIKUS
VÉKONY
NAGYLELKŰ
NAGY

ŐSZINTE
AZONOS
FONTOS
LASSÚ
REJTÉLYES
MODERN
TÖKÉLETES
NEHÉZ
KOMOLY
ÉRTÉKES

29 - Psicologia

I	X	T	Z	M	V	V	S	S	U	V	K	T	P	J	G
A	S	Z	E	N	Z	Á	C	I	Ó	I	S	A	N	G	O
M	E	G	I	S	M	E	R	É	S	S	L	P	X	J	N
É	B	É	É	M	A	I	P	Á	R	E	T	A	V	E	D
L	E	S	R	S	L	B	R	T	Z	L	I	S	K	S	O
B	F	I	É	V	Z	T	S	V	D	K	Á	Z	O	Z	L
O	O	Y	R	S	V	L	F	É	J	E	L	T	N	M	A
R	L	L	Z	S	A	I	E	M	N	D	M	A	F	É	T
P	Y	É	E	É	L	A	V	L	N	É	O	L	L	L	O
N	Á	M	L	L	Ó	K	T	F	É	S	K	A	I	E	K
S	S	E	M	E	S	I	O	P	C	S	U	T	K	T	Z
X	O	Z	E	K	Á	N	M	M	Z	U	Z	O	T	L	B
X	K	S	K	É	G	I	G	N	E	M	C	K	U	E	L
T	U	D	A	T	A	L	A	T	T	I	N	Y	S	N	L
T	C	R	I	R	O	K	K	E	M	R	E	Y	G	A	W
Z	D	A	M	É	Y	Y	U	R	U	K	T	A	O	J	J

ÉRTÉKELÉS
KLINIKAI
MEGISMERÉS
VISELKEDÉS
KONFLIKTUS
ÉN
ÉRZELMEK
TAPASZTALATOK
ESZMÉLETLEN
GYERMEKKOR
BEFOLYÁSOK
GONDOLATOK
ÉSZLELÉS
SZEMÉLYISÉG
PROBLÉMA
VALÓSÁG
SZENZÁCIÓ
ÁLMOK
TUDATALATTI
TERÁPIA

30 - Paisagens

K	F	M	Y	U	T	G	W	W	V	M	Z	N	G	J	D
J	J	O	U	I	K	L	K	X	Í	U	O	F	M	M	O
Ó	T	X	L	O	E	E	W	U	Z	V	X	C	A	U	M
C	E	D	P	Y	M	C	R	T	E	G	I	Z	S	W	B
E	G	U	S	G	Ó	C	T	Ö	S	M	I	H	D	Á	S
Á	I	P	I	E	B	S	E	B	É	N	O	Z	Z	G	R
N	Z	I	V	H	R	E	V	Ö	S	O	B	D	I	R	E
F	S	E	A	V	U	R	Ö	L	C	L	P	U	M	P	G
I	L	I	T	Y	V	C	L	R	S	C	V	Z	X	T	N
D	É	K	A	Z	I	N	G	N	A	L	R	A	B	V	E
A	F	M	G	H	A	J	Y	Z	R	O	N	G	M	U	T
J	É	G	H	E	G	Y	J	N	C	Á	W	U	O	L	D
T	U	N	D	R	A	G	K	G	N	Z	B	W	A	K	S
J	U	A	F	S	X	P	N	A	U	I	C	O	U	Á	O
S	T	R	A	N	D	F	D	X	G	S	K	Z	P	N	Z
Z	E	G	T	F	I	V	W	J	M	V	S	T	L	X	M

VÍZESÉS
BARLANG
DOMB
SIVATAG
GLECCSER
ÖBÖL
JÉGHEGY
SZIGET
TÓ
TENGER
HEGY
OÁZIS
ÓCEÁN
MOCSÁR
FÉLSZIGET
STRAND
FOLYÓ
TUNDRA
VÖLGY
VULKÁN

31 - Dança

S	J	J	H	V	P	N	J	T	S	D	M	E	N	F	K
F	F	K	L	I	K	A	V	O	E	U	O	A	H	M	U
S	K	D	R	Z	E	N	E	Z	D	S	A	O	V	F	L
S	W	N	J	U	G	A	B	Ó	R	P	T	O	N	X	T
K	S	P	U	Á	Y	R	K	K	M	G	Y	T	Y	H	U
N	I	W	E	L	E	Ú	M	A	Á	J	C	Z	R	R	R
N	E	F	G	I	L	T	O	K	D	E	X	B	E	I	Á
T	B	M	E	S	E	L	Z	V	I	É	T	H	N	T	L
U	X	X	O	J	M	U	G	U	V	B	M	L	T	M	I
P	H	A	E	T	E	K	Á	V	Z	F	E	I	R	U	S
H	Z	L	P	S	O	Z	S	D	K	I	L	H	A	S	V
T	R	P	E	B	Y	Y	Ő	I	M	J	E	Y	P	S	K
T	E	S	T	T	A	R	T	Á	S	U	Z	X	N	C	Z
M	Ű	V	É	S	Z	E	T	S	V	W	R	P	X	I	G
K	O	R	E	O	G	R	Á	F	I	A	É	L	J	O	U
V	B	Z	V	D	B	K	L	A	S	S	Z	I	K	U	S

AKADÉMIA
VIDÁM
MŰVÉSZET
KLASSZIKUS
KOREOGRÁFIA
TEST
KULTÚRA
KULTURÁLIS
ÉRZELEM
PRÓBA
KIFEJEZŐ
KEGYELEM
MOZGÁS
ZENE
PARTNER
TESTTARTÁS
RITMUS
VIZUÁLIS

32 - Nutrição

K	É	J	R	É	H	E	F	S	N	X	I	D	Y	Z	X
A	Ű	R	E	S	E	K	Y	V	P	Y	S	P	W	T	O
L	U	F	P	G	A	Y	N	A	P	Á	T	S	Ö	L	X
Ó	V	U	Y	G	É	S	Z	S	É	G	E	P	S	C	I
R	Z	G	Y	I	F	S	É	T	V	Á	G	Y	S	L	Y
I	Y	É	X	O	Z	O	Z	L	B	W	N	D	Z	S	N
A	U	S	Z	Ó	S	Z	L	S	M	S	B	I	E	R	U
T	E	Ő	I	E	V	C	S	Y	É	F	Z	C	T	T	F
É	X	N	A	L	M	U	X	C	A	G	E	N	E	O	T
I	G	I	N	S	T	É	P	E	U	D	E	L	V	X	E
D	Í	M	U	W	F	V	S	D	T	E	É	S	Ő	I	H
M	Z	P	Y	K	H	J	F	Z	T	V	W	K	K	N	E
E	R	J	E	S	Z	T	É	S	T	E	L	V	O	P	T
S	M	G	V	D	K	S	Ú	L	Y	É	S	L	T	K	Ő
K	O	T	Á	R	D	I	H	N	É	Z	S	T	T	J	C
V	I	T	A	M	I	N	W	Z	J	O	N	A	H	C	C

KESERŰ
ÉTVÁGY
KALÓRIA
SZÉNHIDRÁTOK
EHETŐ
DIÉTA
EMÉSZTÉS
ERJESZTÉS
ÖSSZETEVŐK
FOLYADÉKOK
SZÓSZ
TÁPANYAG
SÚLY
FEHÉRJÉK
MINŐSÉG
ÍZ
EGÉSZSÉGES
EGÉSZSÉG
TOXIN
VITAMIN

33 - Energia

K	H	M	I	V	W	P	D	J	V	M	I	N	G	D	N
E	V	Ő	S	Z	E	N	N	Y	E	Z	É	S	B	K	X
A	N	W	R	B	V	R	G	A	Y	N	A	M	E	Z	Ü
K	É	T	F	O	M	K	K	T	L	O	O	F	N	K	I
K	Z	T	R	V	G	E	A	M	U	T	E	G	Z	O	D
U	S	U	S	Ó	E	L	N	O	D	O	U	A	I	T	O
M	O	R	R	C	P	J	U	T	Í	F	T	F	N	Z	P
U	M	B	L	S	A	I	L	O	Z	L	I	C	C	E	U
L	O	I	E	L	N	U	A	R	E	E	L	T	X	K	V
Á	R	N	M	L	É	Z	S	Y	L	B	E	K	Y	H	W
T	T	A	I	X	E	S	N	U	K	L	E	Á	R	I	S
O	K	G	P	R	A	K	E	H	I	D	R	O	G	É	N
R	E	I	A	Z	K	Y	T	E	Z	E	Y	N	R	Ö	K
D	L	L	R	E	M	L	A	R	H	G	S	H	W	V	I
L	E	Z	D	J	L	J	G	A	O	E	T	L	A	M	G
M	E	G	Ú	J	U	L	Ó	C	P	N	C	R	A	Z	B

KÖRNYEZET
AKKUMULÁTOR
HŐ
SZÉN
ÜZEMANYAG
DÍZEL
ELEKTROMOS
ELEKTRON
ENTRÓPIA
FOTON
BENZIN
HIDROGÉN
IPAR
MOTOR
NUKLEÁRIS
SZENNYEZÉS
MEGÚJULÓ
NAP
TURBINA
SZÉL

34 - Disciplinas Científicas

N	C	R	K	É	M	I	A	A	B	J	B	F	M	Á	M
E	N	A	T	P	C	A	I	I	I	F	I	Y	D	L	E
U	A	I	E	X	S	S	G	G	O	R	O	T	W	L	T
R	D	M	R	V	I	G	Ó	Ó	L	É	K	F	N	A	E
O	P	M	M	R	L	R	L	L	Ó	G	É	I	Y	T	O
L	S	U	O	N	L	I	O	O	G	É	M	Z	E	T	R
Ó	Z	N	D	W	A	P	K	I	I	S	I	I	L	A	O
G	I	O	I	I	G	T	Ö	Z	A	Z	A	O	V	N	L
I	C	L	N	B	Á	O	Y	E	Z	E	Y	L	É	G	Ó
A	H	Ó	A	Y	S	M	D	N	P	T	X	Ó	S	E	G
K	O	G	M	Z	Z	Y	Z	I	Á	H	L	G	Z	O	I
R	L	I	I	N	A	U	C	K	Y	V	R	I	E	L	A
E	Ó	A	K	U	T	F	H	I	X	J	S	A	T	Ó	B
K	G	T	A	K	I	N	A	T	O	B	O	Á	A	G	X
M	I	S	Z	O	C	I	O	L	Ó	G	I	A	O	I	B
S	A	I	M	Ó	T	A	N	A	L	U	T	V	W	A	K

ANATÓMIA
RÉGÉSZET
CSILLAGÁSZAT
BIOLÓGIA
BIOKÉMIA
BOTANIKA
KINEZIOLÓGIA
ÖKOLÓGIA
FIZIOLÓGIA
GEOLÓGIA
IMMUNOLÓGIA
NYELVÉSZET
METEOROLÓGIA
ÁSVÁNYTAN
NEUROLÓGIA
PSZICHOLÓGIA
KÉMIA
SZOCIOLÓGIA
TERMODINAMIKA
ÁLLATTAN

35 - Meditação

A	V	X	H	O	V	V	I	L	Á	G	O	S	S	Á	G
V	N	T	E	R	M	É	S	Z	E	T	Y	B	Z	E	E
D	C	J	N	T	K	E	M	L	E	Z	R	É	Y	K	S
Z	E	N	E	R	T	A	L	Á	H	W	E	P	R	P	B
F	I	G	Y	E	L	E	M	M	U	Z	N	D	C	U	N
M	T	É	G	U	R	D	T	N	E	R	B	É	D	T	V
I	E	S	S	M	D	N	E	I	N	X	H	É	Z	T	E
T	S	S	É	L	E	Y	G	I	F	G	E	M	K	X	C
A	T	E	M	L	O	N	P	G	S	P	S	R	F	E	I
N	T	V	P	A	V	Í	T	K	E	P	S	R	E	P	F
Í	A	D	K	O	P	Y	S	Á	D	A	G	O	F	L	E
T	R	E	J	T	F	L	Á	K	L	L	N	O	A	P	S
Á	T	K	N	T	U	V	G	P	O	I	Z	B	E	L	R
S	Á	O	O	K	B	X	Z	D	J	Z	S	E	N	Y	M
O	S	M	T	V	U	K	O	T	A	L	O	D	N	O	G
K	Y	W	Z	H	B	U	M	K	V	I	W	M	W	K	C

ELFOGADÁS
ÉBREN
FIGYELEM
KEDVESSÉG
VILÁGOSSÁG
ÉRZELMEK
TANÍTÁSOK
HÁLA
MENTÁLIS
ELME
MOZGÁS
ZENE
TERMÉSZET
MEGFIGYELÉS
BÉKE
GONDOLATOK
PERSPEKTÍVA
TESTTARTÁS

36 - Artes Visuais

K	I	F	L	I	R	R	P	N	M	K	É	C	G	K	N
R	S	J	E	J	I	D	N	X	Ű	R	P	W	C	J	F
E	J	D	T	S	Z	A	C	V	V	É	Í	J	N	N	V
A	Y	N	É	M	T	S	E	F	É	T	T	P	D	Z	I
T	L	H	T	L	L	Ő	S	O	S	A	É	O	A	Z	X
I	N	Y	E	I	T	T	Á	O	Z	L	S	R	S	L	B
V	E	M	Z	F	Y	X	I	L	J	L	Z	T	Z	X	X
I	B	V	S	F	K	W	E	P	L	A	E	R	O	K	G
T	D	N	S	A	L	A	S	É	E	V	T	É	B	K	M
Á	U	A	Ö	Z	A	I	G	K	C	A	Á	B	O	L	E
S	I	E	M	V	O	M	C	Y	H	E	W	N	R	A	S
V	I	A	S	Z	X	Á	W	N	A	O	R	M	Y	K	T
X	P	L	B	Y	K	R	A	É	U	G	R	U	U	K	E
R	M	T	O	L	L	E	I	F	E	K	D	A	Z	N	R
V	R	R	W	J	D	K	S	T	E	N	C	I	L	A	M
P	E	R	S	P	E	K	T	Í	V	A	D	F	M	X	Ű

AGYAG
ÉPÍTÉSZET
MŰVÉSZ
TOLL
FESTŐÁLLVÁNY
VIASZ
KERÁMIA
ÖSSZETÉTEL
KREATIVITÁS
SZOBOR
STENCIL
FILM
FÉNYKÉP
KRÉTA
CERUZA
MESTERMŰ
PERSPEKTÍVA
FESTMÉNY
PORTRÉ
LAKK

37 - Moda

A	S	P	S	R	H	R	K	E	S	É	R	É	M	M	O
I	K	Y	X	U	V	O	É	O	O	S	N	U	I	E	G
T	Z	N	Y	H	K	K	N	W	B	F	G	S	N	G	O
E	Ű	É	C	Á	V	C	Y	N	W	M	R	T	I	F	Z
V	R	R	E	Z	M	K	E	U	P	Z	O	C	M	I	H
Ö	E	E	I	A	C	S	L	D	D	N	C	G	A	Z	Í
Z	Z	Z	D	T	P	P	M	S	N	Á	G	E	L	E	M
S	S	S	M	E	E	M	E	W	M	A	P	E	I	T	Z
W	Y	F	F	H	T	F	S	U	L	Í	T	S	S	H	É
W	G	X	H	O	N	I	M	O	D	E	R	N	T	E	S
N	E	F	I	R	Á	N	Y	Z	A	T	O	P	A	T	K
G	Y	A	K	O	R	L	A	T	I	J	Z	J	I	Ő	C
A	R	G	C	W	O	Y	F	U	T	E	X	T	Ú	R	A
K	E	Á	Y	C	B	U	T	I	K	C	S	I	P	K	E
X	V	R	X	A	L	W	C	H	M	N	E	T	P	Z	H
X	X	D	H	I	L	V	D	Z	A	G	U	U	L	V	T

MEGFIZETHETŐ
HÍMZÉS
GOMBOK
BUTIK
DRÁGA
KÉNYELMES
ELEGÁNS
STÍLUS
MÉRÉSEK
MINIMALISTA
MODERN
SZERÉNY
EREDETI
GYAKORLATI
CSIPKE
RUHÁZAT
EGYSZERŰ
SZÖVET
IRÁNYZAT
TEXTÚRA

38 - Instrumentos Musicais

G	J	U	K	P	U	R	E	I	C	A	T	S	T	S	J
M	A	M	N	B	U	B	E	N	D	Z	S	Ó	T	Z	V
G	Y	I	A	K	I	N	O	M	R	A	H	I	I	A	Y
H	E	G	E	D	Ű	R	A	E	A	A	Y	M	F	X	I
C	S	Ö	R	G	Ő	D	O	B	F	R	N	G	Z	O	V
Z	X	L	Á	N	N	L	E	F	R	Y	I	K	Y	F	S
O	O	Z	T	O	T	I	L	S	Á	C	C	M	X	O	W
A	T	N	I	G	É	B	W	E	H	I	Z	E	B	N	L
D	O	B	G	B	N	U	M	T	A	N	O	S	R	A	H
L	J	W	M	O	I	F	U	V	O	L	A	B	U	L	K
Z	N	G	W	N	R	F	A	G	O	T	T	O	O	A	E
Z	V	S	B	S	A	A	T	I	B	M	O	R	T	A	G
M	A	N	D	O	L	I	N	C	S	E	L	L	Ó	E	V
V	J	V	Y	Z	K	B	C	G	M	X	O	U	J	J	X
J	X	B	R	G	O	F	D	M	U	R	A	C	C	E	E
J	C	H	U	H	D	I	C	O	H	W	H	S	W	H	P

MANDOLIN
BENDZSÓ
KLARINÉT
FAGOTT
FUVOLA
HARMONIKA
GONG
HÁRFA
MARIMBA
OBOA
CSÖRGŐDOB
ZONGORA
SZAXOFON
DOB
HARSONA
TROMBITA
GITÁR
HEGEDŰ
CSELLÓ

39 - Adjetivos #2

T	V	B	F	J	K	Y	S	X	M	S	H	O	J	E	T
H	E	E	Ü	N	R	Ú	J	A	X	Z	I	J	C	G	E
É	T	H	R	S	Ő	R	E	M	P	Á	T	J	I	É	R
R	G	U	E	E	Z	T	P	P	O	R	E	P	J	S	M
D	A	V	I	T	J	K	N	F	X	A	L	S	G	Z	E
E	L	I	F	E	S	N	E	O	L	Z	E	A	X	S	L
K	E	O	T	Z	Ő	É	O	S	W	I	S	Ó	S	É	Ő
E	Í	L	H	S	L	Z	G	R	W	I	O	R	E	G	K
S	R	S	B	É	E	G	Y	E	M	Z	X	R	R	E	W
N	Ó	M	V	M	L	U	L	A	S	Á	G	O	Í	S	H
Á	T	I	Í	R	E	S	H	H	C	O	L	F	H	N	A
G	Z	U	T	E	F	O	I	X	E	O	N	I	S	I	J
E	L	I	A	T	Z	S	I	T	T	Y	G	D	L	N	T
L	V	A	E	W	M	I	S	P	U	M	B	T	X	O	S
E	P	R	R	K	T	U	H	O	Y	S	F	U	M	W	Y
I	G	D	K	E	T	R	R	I	D	V	Z	B	P	S	E

HITELES
KREATÍV
LEÍRÓ
TEHETSÉGES
ELEGÁNS
HÍRES
ERŐS
ÉRDEKES
TERMÉSZETES
NORMÁL
ÚJ
BÜSZKE
TERMELŐ
TISZTA
FORRÓ
FELELŐS
SÓS
EGÉSZSÉGES
SZÁRAZ
VAD

40 - Roupas

K	H	B	N	T	V	Z	Z	V	D	Z	R	A	D	X	X
N	A	N	B	I	O	O	E	Ú	X	O	S	R	A	N	S
J	P	R	A	P	A	B	K	A	L	A	P	C	I	P	Ő
P	I	W	K	H	Y	O	H	K	E	B	Z	R	H	Y	N
U	Z	H	V	Ö	F	T	Z	I	X	P	B	O	T	U	V
L	S	J	V	X	T	D	Z	S	E	K	I	Z	K	Y	C
Ó	A	M	B	E	A	Ő	E	V	W	W	W	G	X	N	R
V	M	I	N	G	V	N	Y	A	K	L	Á	N	C	É	I
E	A	N	S	F	I	L	G	I	S	J	C	H	C	T	A
R	L	B	O	A	D	V	C	R	Z	U	U	U	K	Ö	B
V	Z	O	H	R	Z	N	V	H	A	F	E	R	Y	K	A
A	Y	Z	P	M	C	L	K	T	N	Z	G	U	W	V	J
T	M	X	A	E	Z	V	A	V	D	I	D	H	H	V	O
X	J	U	Z	R	R	T	B	J	Á	I	I	A	M	Y	U
N	A	D	R	Á	G	T	Á	V	L	G	S	U	H	Z	K
K	E	S	Z	T	Y	Ű	T	S	Z	O	K	N	Y	A	I

KÖTÉNY
BLÚZ
NADRÁG
ING
KABÁT
KALAP
ÖV
NYAKLÁNC
DZSEKI
FARMER

KESZTYŰ
ZOKNI
DIVAT
PIZSAMA
KARKÖTŐ
SZOKNYA
SZANDÁL
CIPŐ
PULÓVER
RUHA

41 - Herbalismo

D	J	Z	I	Z	Ö	L	D	A	H	V	J	T	U	Ö	R
I	V	B	Z	C	C	T	R	N	S	B	H	B	K	S	J
T	Á	R	K	O	N	Y	K	N	Ö	H	H	L	E	S	N
Z	A	N	N	C	L	F	A	Á	Y	V	O	A	I	Z	N
P	I	Y	B	F	Y	T	K	R	N	X	É	S	G	E	K
Y	X	O	F	A	L	W	U	O	Ő	U	D	N	W	T	E
A	Z	A	I	S	Y	Z	K	J	L	N	L	B	Y	E	V
M	I	N	Ő	S	É	G	K	A	E	C	G	I	N	V	K
Y	S	H	M	Á	F	N	F	M	I	H	J	D	U	Ő	O
G	Á	I	S	M	S	I	Ű	R	J	N	Y	D	C	L	R
A	F	Í	N	O	M	R	F	O	I	C	T	A	D	H	I
H	R	Z	R	R	E	A	L	U	D	N	E	V	E	L	A
K	Á	L	H	A	G	M	L	V	I	R	Á	G	U	G	N
O	N	V	A	N	S	Z	S	L	V	K	T	O	B	W	D
F	Y	I	E	A	M	O	K	I	L	A	S	Z	A	B	E
U	V	K	E	R	T	R	E	G	F	X	S	I	V	X	R

SÁFRÁNY
ROZMARING
FOKHAGYMA
AROMÁS
ELŐNYÖS
KORIANDER
TÁRKONY
VIRÁG
ÖSSZETEVŐ
KERT
LEVENDULA
BAZSALIKOM
MAJORÁNNA
NÖVÉNY
MINŐSÉG
ÍZ
KAKUKKFŰ
ZÖLD

42 - Arqueologia

O	B	J	E	K	T	U	M	O	K	O	E	B	N	E	M
P	N	J	P	V	Y	X	Ó	T	A	T	U	K	K	T	E
C	E	Y	L	K	E	R	E	K	J	W	O	E	X	T	U
V	L	S	K	I	T	Í	X	M	O	F	V	O	Z	O	B
K	T	H	V	O	X	S	C	Ő	T	R	É	K	A	Z	S
P	E	X	Z	S	R	T	E	M	P	L	O	M	P	A	E
V	R	R	A	I	L	S	É	Z	M	E	L	E	L	M	L
A	E	O	Ó	I	C	Á	Z	I	L	I	V	I	C	R	F
L	M	S	F	H	S	E	T	A	P	A	S	C	U	Á	E
P	S	P	L	E	S	É	L	E	K	É	T	R	É	Z	L
B	I	I	K	K	S	F	O	S	S	Z	I	L	I	S	E
W	A	W	F	G	E	S	R	E	J	T	É	L	Y	E	J
G	T	K	W	D	R	R	Z	J	B	I	C	F	O	L	T
M	I	J	H	K	S	O	S	O	S	J	S	D	A	P	E
V	P	H	R	L	K	H	P	R	R	A	S	B	B	C	T
Y	Z	C	S	O	N	T	O	K	W	V	W	L	B	O	T

ELEMZÉS
ÉV
ÓKOR
ÉRTÉKELÉS
CIVILIZÁCIÓ
LESZÁRMAZOTT
ISMERETLEN
CSAPAT
KORSZAK
SZAKÉRTŐ
ELFELEJTETT
FOSSZILIS
KUTATÓ
REJTÉLY
OBJEKTUMOK
CSONTOK
PROFESSZOR
EREKLYE
TEMPLOM
SÍR

43 - Esporte

C	X	D	G	J	G	V	V	X	W	T	F	H	I	G	S
M	N	I	K	M	P	O	Z	X	I	E	F	Ő	Z	D	E
A	K	É	X	É	K	I	T	A	R	T	Á	S	M	F	K
I	G	T	R	O	P	S	M	L	E	G	I	Á	O	O	O
R	V	A	U	J	L	E	C	N	Á	T	O	T	K	N	C
F	G	W	B	M	S	S	S	S	E	W	J	J	F	P	O
E	G	É	S	Z	S	É	G	S	O	X	K	Ú	U	R	G
I	Y	N	K	Y	Z	J	J	Y	É	N	C	Y	T	O	Á
T	E	S	T	B	C	O	S	R	T	G	T	N	U	G	S
M	E	T	A	B	O	L	I	K	U	S	Y	O	Y	R	Y
K	E	R	É	K	P	Á	R	O	Z	Á	S	C	K	A	A
M	A	X	I	M	A	L	I	Z	Á	L	Á	S	É	M	T
C	A	G	C	H	K	Y	M	W	N	M	S	F	E	L	L
E	U	O	Z	I	N	A	K	V	I	B	Z	L	R	Z	É
T	Á	P	L	Á	L	K	O	Z	Á	S	B	Z	Ő	L	T
W	O	X	L	F	J	F	C	H	I	R	P	Y	I	L	A

NYÚJTÁS
ATLÉTA
KÉPESSÉG
KERÉKPÁROZÁS
TEST
TÁNC
DIÉTA
SPORT
ERŐ
KOCOGÁS
MAXIMALIZÁLÁS
METABOLIKUS
IZMOK
TÁPLÁLKOZÁS
CÉL
CSONTOK
PROGRAM
KITARTÁS
EGÉSZSÉG
EDZŐ

44 - Agronomia

J	A	L	A	T	P	S	É	Z	E	Y	N	N	E	Z	S
R	R	W	Y	Z	V	I	É	S	É	L	E	M	R	E	T
M	X	A	G	F	O	J	O	D	O	F	G	R	Ó	U	U
V	A	Y	K	I	R	N	O	O	E	F	D	C	Z	P	D
D	H	G	M	U	Z	Y	O	Y	I	K	É	D	I	V	O
P	C	Á	O	W	X	Y	E	S	V	W	E	O	Ó	X	M
U	K	R	K	K	P	J	T	R	Í	K	S	V	Y	P	Á
B	E	T	E	G	S	É	G	E	K	T	I	H	Ö	J	N
H	G	Y	K	E	N	E	R	G	I	A	Á	L	O	N	Y
L	É	R	E	N	D	S	Z	E	R	E	K	S	M	W	W
K	S	A	Y	Z	R	O	R	X	S	Z	E	R	V	E	S
U	D	E	N	V	Í	Z	Ö	K	O	L	Ó	G	I	A	G
A	L	T	É	M	E	Z	Ő	G	A	Z	D	A	S	Á	G
B	Ö	X	V	H	N	J	O	N	N	L	M	B	D	D	F
M	Z	O	Ö	K	Ö	R	N	Y	E	Z	E	T	Z	M	I
L	D	W	N	D	L	F	Y	S	W	N	P	K	V	U	H

MEZŐGAZDASÁG
KÖRNYEZET
VÍZ
TUDOMÁNY
NÖVEKEDÉS
BETEGSÉGEK
ÖKOLÓGIA
ENERGIA
ERÓZIÓ
TRÁGYA
AZONOSÍTÁS
ZÖLDSÉGEK
SZERVES
NÖVÉNYEK
SZENNYEZÉS
TERMELÉS
VIDÉKI
MAGOK
RENDSZEREK
TALAJ

45 - Frutas

P	K	R	E	O	Y	I	C	I	T	P	J	Y	W	Y	K
C	K	P	T	Y	W	J	N	I	R	A	T	K	E	N	Ó
T	A	H	K	J	R	B	C	X	T	E	A	O	P	G	K
S	E	O	C	A	L	A	N	D	E	R	D	J	N	Ő	U
A	E	J	A	C	H	C	S	U	V	W	O	P	L	S	S
B	P	G	R	P	S	C	N	A	R	A	N	M	B	Z	Z
A	X	F	A	X	F	E	Ó	D	Á	K	O	V	A	I	D
L	X	A	B	P	F	T	R	M	J	B	B	U	M	B	I
X	J	U	A	A	K	R	E	E	X	O	R	U	L	A	Ó
M	A	N	G	Ó	I	Ö	D	M	S	A	Y	A	A	R	F
S	N	M	R	F	V	K	E	Ő	P	Z	U	V	P	A	V
M	L	G	Á	K	I	X	Z	L	D	G	N	Ó	F	C	K
N	Á	S	S	J	X	N	S	Ő	S	E	Á	Y	R	K	X
X	M	A	N	A	N	Á	S	Z	U	P	N	G	E	L	U
P	A	P	A	J	A	N	I	S	H	V	A	O	H	M	E
K	R	D	W	H	R	H	B	D	K	N	B	B	V	H	O

AVOKÁDÓ
ANANÁSZ
SZEDER
BOGYÓ
BANÁN
CSERESZNYE
KÓKUSZDIÓ
SÁRGABARACK
ÁBRA
MÁLNA
KIVI
NARANCS
CITROM
ALMA
PAPAJA
MANGÓ
NEKTARIN
KÖRTE
ŐSZIBARACK
SZŐLŐ

46 - Corpo Humano

B	Ő	R	K	É	Z	S	F	Y	T	K	V	U	F	D	V
J	I	P	A	F	S	K	T	K	P	O	W	M	X	E	J
B	O	K	A	A	H	M	Y	W	O	Z	F	K	I	I	J
J	N	B	H	F	J	D	D	G	N	S	Y	O	B	J	U
C	N	B	W	H	Z	S	C	O	P	A	K	L	L	Á	Á
N	P	A	U	U	O	I	B	U	X	T	O	Ü	Z	Z	L
Y	D	F	S	X	E	K	V	M	I	S	L	F	J	S	L
A	O	R	R	W	Y	E	D	Y	I	H	M	V	É	R	L
K	H	D	É	U	Z	S	H	E	U	B	O	S	E	N	Á
Ö	E	D	F	T	O	O	G	W	S	L	H	R	V	A	V
Y	G	A	S	Z	Í	V	C	M	F	I	S	F	K	Z	T
N	S	Z	E	M	Y	S	K	V	W	H	L	U	N	M	F
Ö	S	Y	Y	U	K	A	G	R	Y	K	W	N	J	I	W
K	U	D	L	H	X	V	Z	N	B	Z	J	H	O	J	M
P	R	K	Y	Y	P	K	W	S	D	C	L	G	U	S	V
I	J	T	O	U	S	Z	P	O	J	E	P	P	I	U	Z

SZÁJ
FEJ
AGY
SZÍV
KÖNYÖK
UJJ
TÉRD
ÁLLKAPOCS
KÉZ
ORR
SZEM
VÁLL
FÜL
BŐR
LÁB
NYAK
ÁLL
VÉR
HOMLOK
BOKA

47 - Caminhada

I	D	T	C	S	U	H	V	F	Z	U	W	I	T	V	V
D	S	Y	R	G	G	E	F	V	Á	V	V	H	I	N	P
Ő	G	U	X	Y	E	G	H	E	R	R	C	L	R	E	A
J	E	K	K	E	A	Y	E	S	V	K	A	N	K	H	R
Á	T	F	Z	Y	V	Y	G	Z	Í	V	O	D	E	É	K
R	K	E	M	P	I	N	G	É	Y	H	Y	K	T	Z	O
Á	H	S	P	A	X	U	A	L	S	A	F	M	L	T	K
S	K	T	V	N	I	B	Y	Y	D	X	U	R	I	I	M
T	J	A	E	V	F	M	O	E	Á	L	L	A	T	O	K
É	C	L	S	R	A	R	F	K	F	T	A	D	V	K	N
R	S	J	Z	K	M	O	R	I	E	N	T	Á	C	I	Ó
K	I	A	I	Ö	S	É	T	Í	Z	S	É	K	Ő	L	E
É	Z	H	K	V	H	V	S	X	H	N	A	U	Y	W	V
P	M	G	L	E	F	A	X	Z	F	R	L	G	L	Y	B
E	A	É	A	K	S	D	D	L	E	U	D	M	U	D	N
V	H	L	J	V	C	K	Ó	T	A	T	U	M	T	Ú	M

KEMPING
ÁLLATOK
VÍZ
CSIZMA
FÁRADT
ÉGHAJLAT
ÚTMUTATÓK
TÉRKÉP
HEGY
TERMÉSZET
ORIENTÁCIÓ
PARKOK
KÖVEK
SZIKLA
VESZÉLYEK
NEHÉZ
ELŐKÉSZÍTÉS
VAD
NAP
IDŐJÁRÁS

48 - Biologia

J	J	O	U	K	S	I	Z	Ó	I	B	M	I	Z	S	N
E	V	A	T	D	Ő	L	L	Ü	H	K	L	D	O	I	E
S	M	J	E	K	L	O	B	T	W	N	M	G	Ó	Z	U
I	A	B	J	A	M	X	Z	A	R	K	P	C	I	É	R
Z	G	S	R	S	E	J	T	M	V	N	R	S	C	T	O
S	D	L	N	I	A	M	H	Ó	Ó	H	R	M	Á	N	N
P	W	W	O	B	Ó	J	R	Z	I	Z	O	H	T	I	C
A	N	A	T	Ó	M	I	A	S	C	F	I	R	U	Z	T
N	H	N	W	I	N	E	I	O	Ú	E	N	S	M	S	H
I	P	É	H	N	B	P	L	M	L	H	Z	Y	B	O	M
Z	N	G	E	D	I	B	A	O	O	É	B	J	F	T	N
S	N	A	J	Z	N	L	R	R	V	R	X	W	O	O	Y
A	Y	L	E	N	Z	I	M	K	E	J	E	E	O	F	Y
W	F	L	X	T	S	Z	C	G	N	E	C	U	V	R	D
Z	D	O	T	E	R	M	É	S	Z	E	T	E	S	S	Z
B	A	K	T	É	R	I	U	M	O	K	T	M	U	W	X

ANATÓMIA
BAKTÉRIUMOK
SEJT
KOLLAGÉN
KROMOSZÓMA
EMBRIÓ
ENZIM
EVOLÚCIÓ
FOTOSZINTÉZIS
HORMON
EMLŐS
MUTÁCIÓ
TERMÉSZETES
IDEG
NEURON
OZMÓZIS
FEHÉRJE
HÜLLŐ
SZIMBIÓZIS
SZINAPSZIS

49 - Beleza

K	H	E	F	K	Ö	T	R	Ü	F	O	M	P	M	I	I
Z	R	F	E	N	O	R	O	E	Ó	L	L	O	K	L	G
Z	G	F	D	I	O	Z	Ú	L	H	A	A	H	N	L	P
F	D	B	V	M	J	P	M	Z	R	J	Á	B	G	A	M
V	D	J	N	S	P	N	T	E	S	O	V	G	M	T	U
U	Y	Y	O	P	S	Z	Í	N	T	K	A	M	L	A	T
S	A	M	P	O	N	Z	S	É	E	I	K	T	R	H	J
P	K	J	G	O	B	N	D	G	L	C	K	L	P	C	E
K	E	G	Y	E	L	E	M	O	E	H	E	A	A	Y	L
S	S	R	H	Z	T	E	J	T	G	N	K	B	Ő	R	E
T	B	B	G	C	S	Ü	A	O	Á	C	É	N	X	Z	G
G	O	K	H	H	I	K	K	F	N	I	M	E	X	D	A
F	X	V	F	A	L	G	W	Ö	S	U	R	Z	B	E	N
H	L	W	L	R	Y	X	A	H	R	G	E	T	A	R	C
S	I	M	A	T	T	G	O	E	L	L	T	G	Y	A	I
K	X	M	E	O	S	X	D	S	A	J	H	V	A	L	A

RÚZS
FÜRTÖK
BÁJ
SZÍN
KOZMETIKA
ELEGÁNS
ELEGANCIA
TÜKÖR
STYLIST
FOTOGÉN
ILLAT
KEGYELEM
SMINK
OLAJOK
BŐR
TERMÉKEK
SIMA
OLLÓ
SAMPON

50 - Filantropia

G	Y	E	R	M	E	K	E	K	O	L	É	C	J	K	J
W	Z	P	P	V	C	G	L	X	N	L	F	L	Ó	Z	S
M	M	V	C	S	K	Á	G	N	U	S	G	U	T	R	G
E	M	B	E	R	I	S	É	G	B	M	C	G	É	G	B
B	D	E	Z	X	K	Ú	S	Y	S	B	E	T	K	É	B
K	L	U	L	F	K	J	K	O	T	R	O	P	O	S	C
I	S	B	M	E	A	F	Ü	E	N	W	K	P	N	S	Ő
H	Z	E	S	E	N	I	Z	A	L	S	Ü	É	Y	Ö	S
Í	B	C	H	M	E	É	S	F	O	J	L	N	S	Z	Z
V	I	N	U	M	I	V	T	K	V	H	D	Z	Á	Ö	I
Á	P	T	M	E	W	T	E	R	Y	H	E	Ü	G	K	N
S	I	L	Á	B	O	L	G	B	Ö	S	T	G	A	O	T
O	P	R	O	G	R	A	M	O	K	T	É	Y	L	P	E
K	E	R	E	B	M	E	E	J	H	Z	S	Y	I	A	S
N	A	G	Y	L	E	L	K	Ű	S	É	G	Y	M	L	É
K	A	P	C	S	O	L	A	T	O	K	F	T	P	A	G

JÓTÉKONYSÁG
KÖZÖSSÉG
KAPCSOLATOK
GYERMEKEK
KIHÍVÁSOK
PÉNZÜGY
ALAPOK
NAGYLELKŰSÉG
GLOBÁLIS
CSOPORTOK
TÖRTÉNELEM
ŐSZINTESÉG
EMBERISÉG
IFJÚSÁG
KÜLDETÉS
SZÜKSÉG
CÉLOK
EMBEREK
PROGRAMOK

51 - Ecologia

T	É	K	E	Y	N	É	V	Ö	N	G	F	N	T	É	F
E	L	H	O	L	Ö	B	S	W	H	R	J	Ö	E	G	S
N	Ő	E	H	Ö	V	A	C	N	R	A	O	V	R	H	V
G	H	G	K	N	É	J	S	Ó	W	E	K	É	M	A	Z
E	E	Y	D	K	N	G	A	T	J	A	F	N	É	J	T
R	L	E	T	É	Y	T	G	A	C	S	O	Y	S	L	E
I	Y	K	J	N	V	Ú	M	H	Y	I	R	Z	Z	A	R
X	U	U	T	T	I	L	P	T	G	L	R	E	E	T	M
F	E	R	E	E	L	É	P	R	D	Á	Á	T	T	M	É
M	A	A	C	S	Á	L	W	A	I	B	S	Z	E	H	S
O	F	U	D	E	G	É	E	T	J	O	O	H	S	C	Z
C	U	J	N	K	Z	S	G	N	R	L	K	L	C	A	E
S	N	K	C	A	S	Z	L	N	G	G	I	K	I	E	T
Á	J	L	U	N	G	É	S	E	L	É	F	K	O	S	J
R	H	X	D	F	I	I	B	F	L	L	G	G	W	G	B
K	Ö	Z	Ö	S	S	É	G	E	K	W	C	D	A	N	L

ÉGHAJLAT
KÖZÖSSÉGEK
SOKFÉLESÉG
FAUNA
NÖVÉNYVILÁG
GLOBÁLIS
ÉLŐHELY
TENGERI
HEGYEK
TERMÉSZETES
TERMÉSZET
MOCSÁR
NÖVÉNYEK
FORRÁSOK
ASZÁLY
TÚLÉLÉS
FENNTARTHATÓ
FAJTA
NÖVÉNYZET
ÖNKÉNTESEK

52 - Família

Y	H	U	N	O	K	A	H	Ú	G	D	J	A	A	C	W
Z	A	Y	P	W	P	W	U	A	U	B	M	A	J	O	A
U	N	O	K	A	T	E	S	T	V	É	R	F	I	B	F
E	S	H	U	T	F	D	S	Y	S	U	H	C	A	W	X
R	É	V	T	S	E	T	G	Y	E	R	M	E	K	E	K
L	U	Ő	N	U	L	N	I	Z	N	O	Z	G	X	H	F
N	Á	S	W	S	E	A	S	S	A	K	T	Y	A	F	G
B	F	N	V	C	S	G	C	J	G	K	O	E	U	G	F
M	É	M	Y	Ö	É	Y	Á	N	Y	E	K	R	D	H	C
G	R	Y	F	A	G	A	B	A	M	M	D	M	F	G	W
U	J	G	U	K	R	P	Y	I	A	R	I	E	X	D	D
A	O	P	W	O	V	A	G	Z	M	E	U	K	D	E	H
T	N	A	F	N	A	P	A	I	A	Y	U	N	O	K	A
Z	M	Y	N	U	P	A	N	N	N	G	W	S	U	D	P
A	J	T	A	Y	W	B	Y	É	I	B	R	F	I	P	Z
P	P	P	L	I	A	A	D	N	M	V	R	K	B	I	I

ŐS
NAGYMAMA
NAGYAPA
GYERMEK
GYERMEKEK
FELESÉG
LÁNYA
GYERMEKKOR
TESTVÉR
FÉRJ
ANYAI
ANYA
UNOKA
APA
APAI
UNOKATESTVÉR
UNOKAHÚG
UNOKAÖCS
NÉNI
NAGYBÁCSI

53 - Férias #2

S	M	I	A	U	T	E	R	U	R	V	R	W	D	K	R
G	Z	R	S	L	M	E	R	E	T	T	É	K	T	E	E
L	L	Á	D	F	V	I	N	I	V	E	P	G	K	M	P
B	W	K	L	V	P	U	Ő	G	F	H	G	Y	Ü	P	Ü
K	L	T	S	L	G	L	D	B	E	U	S	S	L	I	L
T	C	R	Z	É	O	T	I	L	Z	R	M	D	F	N	Ő
A	R	U	I	V	M	D	D	N	A	R	T	S	Ö	G	T
X	V	T	G	E	R	X	A	P	Z	N	G	R	L	B	É
I	L	A	E	L	T	X	B	Z	I	K	E	B	D	B	R
A	T	Z	T	T	É	O	A	C	I	C	Ó	Z	I	B	O
B	D	Á	B	Ú	R	S	Z	Á	L	L	Í	T	Á	S	T
D	G	S	H	D	K	O	S	Á	L	A	L	G	O	F	Á
H	I	A	Z	F	É	N	Y	A	R	A	L	Á	S	F	S
S	D	V	F	W	P	N	T	Y	M	J	N	I	Y	F	T
M	T	U	U	A	U	V	C	D	M	A	N	N	U	M	V
X	Z	W	Z	H	E	G	Y	E	K	V	Í	Z	U	M	O

KEMPING
REPÜLŐTÉR
KÜLFÖLDI
NYARALÁS
FOTÓK
SZÁLLODA
SZIGET
SZABADIDŐ
TÉRKÉP
TENGER
HEGYEK
ÚTLEVÉL
STRAND
FOGLALÁSOK
ÉTTEREM
TAXI
SÁTOR
SZÁLLÍTÁS
UTAZÁS
VÍZUM

54 - Edifícios

S	Á	K	A	L	S	N	U	N	G	W	J	N	E	L	V
Z	Á	H	R	Ó	K	N	S	G	T	J	L	D	G	L	Z
Á	Z	P	S	Á	I	X	H	O	Y	B	O	U	T	G	T
L	S	A	T	Z	V	Y	V	D	D	E	K	H	N	R	I
L	Á	J	A	L	A	B	O	R	A	T	Ó	R	I	U	M
O	T	T	D	Z	L	M	Y	M	Z	J	L	P	D	A	P
D	O	A	I	W	O	O	Ú	O	W	C	Z	Y	O	G	U
A	R	E	O	R	K	N	L	Z	S	Z	Í	N	H	Á	Z
D	N	G	N	O	S	V	U	U	E	F	J	O	K	S	E
P	E	Y	T	I	I	P	I	J	V	U	E	R	A	A	S
D	H	E	K	Z	A	P	B	G	Y	A	M	O	P	D	J
O	G	T	A	M	O	Z	I	D	A	O	E	T	C	Z	R
D	D	E	B	Z	E	P	M	C	L	R	R	O	C	A	N
K	E	M	I	B	P	L	P	W	C	Y	Á	C	Z	G	V
H	Y	O	N	M	L	O	Y	L	G	B	Y	Z	Y	G	G
N	A	G	Y	K	Ö	V	E	T	S	É	G	X	S	Y	I

LAKÁS
KABIN
VÁR
PAJTA
MOZI
NAGYKÖVETSÉG
ISKOLA
STADION
GAZDASÁG
GYÁR
GARÁZS
KÓRHÁZ
SZÁLLODA
LABORATÓRIUM
MÚZEUM
SZÍNHÁZ
SÁTOR
TORONY
EGYETEM

55 - Xadrez

S	I	D	Z	E	P	R	V	A	C	Á	T	O	R	N	A
Y	D	J	B	L	A	K	E	H	O	L	T	L	S	J	A
X	Y	Á	A	L	S	I	R	É	H	E	F	L	F	K	U
E	D	T	J	E	S	H	S	N	Z	P	C	D	Ó	U	S
J	K	É	N	N	Z	Í	E	T	E	K	E	F	I	S	T
K	Á	K	O	F	Í	V	N	A	X	S	W	P	S	P	R
A	Z	T	K	É	V	Á	Y	Z	X	J	N	D	E	O	A
L	K	C	É	L	U	S	K	O	M	H	S	C	M	N	T
O	I	F	L	K	N	O	O	D	H	C	T	V	X	T	É
B	R	G	H	N	O	K	Y	L	Á	R	I	K	H	O	G
O	Á	I	G	M	S	S	L	Á	I	L	N	D	X	K	I
R	L	J	G	O	Z	X	Á	R	Y	K	L	L	Ő	Z	A
E	Y	I	E	H	D	O	B	L	A	I	U	W	U	F	K
F	N	T	F	A	E	S	A	T	K	J	N	D	P	X	U
U	Ő	T	E	L	O	L	Z	L	E	V	A	N	L	B	A
H	C	X	S	X	C	F	S	K	F	Z	T	E	X	K	F

TANULNI
FEHÉR
BAJNOK
VERSENY
KIHÍVÁSOK
ÁTLÓS
STRATÉGIA
JÁTÉKOS
JÁTÉK
ELLENFÉL
PASSZÍV
PONTOK
FEKETE
KIRÁLYNŐ
SZABÁLYOK
KIRÁLY
ÁLDOZAT
IDŐ
TORNA

56 - Aventura

B	G	É	S	P	É	Z	S	E	D	U	Ö	T	E	C	X
I	Á	M	E	G	L	E	P	Ő	U	O	R	F	D	N	C
I	S	T	W	O	E	P	S	R	W	Y	Ö	L	N	L	V
T	N	K	O	S	Á	V	Í	H	I	K	M	E	P	Y	C
K	O	T	Á	R	A	B	E	S	É	L	Y	A	L	L	V
S	T	G	L	Y	S	Á	L	U	D	N	Á	R	I	K	N
S	Z	K	J	S	Z	Á	W	E	X	A	J	W	H	S	E
S	I	L	Y	B	K	V	G	C	Y	L	Ú	J	F	É	H
E	B	P	A	U	P	A	Z	S	G	T	Z	U	M	D	É
Y	N	A	V	I	G	Á	C	I	Ó	A	O	R	P	E	Z
L	E	H	E	T	Ő	S	É	G	N	K	W	M	G	S	S
É	T	E	R	M	É	S	Z	E	T	O	X	K	N	E	É
Z	H	K	M	E	D	Z	M	L	A	Z	C	A	T	K	G
S	I	G	J	M	S	É	T	Í	Z	S	É	K	Ő	L	E
E	T	E	V	É	K	E	N	Y	S	É	G	O	N	E	J
V	Ú	T	V	O	N	A	L	S	J	A	E	M	S	L	N

ÖRÖM
BARÁTOK
TEVÉKENYSÉG
SZÉPSÉG
BÁTORSÁG
ESÉLY
KIHÍVÁSOK
NEHÉZSÉG
LELKESEDÉS
KIRÁNDULÁS
SZOKATLAN
ÚTVONAL
TERMÉSZET
NAVIGÁCIÓ
ÚJ
LEHETŐSÉG
VESZÉLYES
ELŐKÉSZÍTÉS
BIZTONSÁG
MEGLEPŐ

57 - Floresta Tropical

H	D	F	A	H	O	M	F	M	Z	J	Z	H	O	J	M
E	Z	E	B	É	F	T	E	Z	S	É	M	R	E	T	A
L	S	L	O	R	P	R	M	N	A	U	T	K	B	C	D
Y	U	H	T	T	A	L	E	Z	E	L	G	Y	J	U	A
R	N	Ő	A	É	G	X	G	A	Z	D	Y	P	N	I	R
E	G	K	N	K	S	H	Ő	A	N	Z	É	X	M	I	A
Á	E	O	I	E	X	J	R	O	Y	L	O	K	R	A	K
L	L	R	K	S	T	O	Z	E	W	P	L	Z	K	T	B
L	D	A	A	S	L	G	É	S	S	Ö	Z	Ö	K	I	Y
Í	K	V	H	T	K	Ö	S	Ő	L	M	E	G	F	S	V
T	H	O	S	O	K	F	É	L	E	S	É	G	A	Z	I
Á	L	R	K	É	T	É	L	T	Ű	E	K	H	J	T	T
S	Z	G	V	O	H	R	É	R	S	C	R	T	Z	E	A
G	N	T	C	E	T	A	L	J	A	H	G	É	M	L	P
D	J	J	N	B	E	O	Ú	U	C	V	E	F	P	E	O
A	J	G	X	X	L	M	T	Z	L	N	Y	C	K	T	J

KÉTÉLTŰEK
BOTANIKA
ÉGHAJLAT
KÖZÖSSÉG
SOKFÉLESÉG
FAJ
ROVAROK
EMLŐSÖK
MOHA
TERMÉSZET
FELHŐK
MADARAK
MEGŐRZÉS
MENEDÉK
TISZTELET
HELYREÁLLÍTÁS
DZSUNGEL
TÚLÉLÉS
ÉRTÉKES

58 - Cidade

P	M	É	G	X	A	O	I	Y	Y	H	B	M	G	V	H
I	I	Z	T	H	R	M	S	U	R	Á	G	Á	R	I	V
G	Z	A	B	T	E	R	H	Z	X	L	Z	V	J	K	P
Y	O	I	C	K	E	D	F	E	Í	R	B	P	O	Ö	É
Ó	M	S	Z	Ö	W	R	J	I	N	N	V	D	X	N	K
G	Y	K	B	N	V	S	E	W	M	H	H	L	J	Y	S
Y	R	O	A	Y	M	X	M	M	R	G	U	Á	J	V	É
S	E	L	N	V	Ú	G	A	L	É	R	I	A	Z	T	G
Z	P	A	K	E	Z	T	R	E	K	T	A	L	L	Á	N
E	Ü	D	T	S	E	E	G	Y	E	T	E	M	B	R	O
R	L	O	Y	B	U	G	A	R	O	D	F	R	J	U	L
T	Ő	L	F	O	M	C	X	E	K	J	G	A	P	B	A
Á	T	L	I	L	S	T	A	D	I	O	N	Z	O	V	Z
R	É	Á	V	T	E	K	R	A	M	R	E	P	U	Z	S
N	R	Z	V	K	M	V	F	F	X	F	Y	F	H	G	Y
R	Y	S	D	G	R	O	V	D	U	N	D	T	P	G	N

REPÜLŐTÉR
BANK
KÖNYVTÁR
MOZI
ISKOLA
STADION
GYÓGYSZERTÁR
VIRÁGÁRUS
GALÉRIA
SZÁLLODA

ÁLLATKERT
KÖNYVESBOLT
PIAC
MÚZEUM
PÉKSÉG
ÉTTEREM
SZALON
SZUPERMARKET
SZÍNHÁZ
EGYETEM

59 - Música

R	P	L	F	Z	A	L	E	T	É	V	L	E	F	M	X
M	Ö	J	D	Y	S	Í	R	E	G	K	L	X	G	I	X
U	S	G	G	P	E	R	D	J	P	V	P	C	L	K	R
B	A	G	T	O	K	A	R	E	P	O	N	V	J	R	W
L	A	N	D	Ö	E	I	H	Z	R	V	O	E	S	O	Z
A	I	L	Z	F	N	J	V	P	D	X	T	U	U	F	E
K	N	E	L	E	É	Ö	T	A	W	Y	L	S	K	O	N
Ó	Ó	K	D	A	N	K	Z	K	Ö	L	T	Ő	I	N	É
R	M	E	U	S	D	E	Y	E	D	G	U	J	Z	U	S
U	R	N	N	R	J	A	I	N	A	O	Z	M	S	J	Z
S	A	É	T	E	M	P	Ó	É	L	B	S	E	S	L	Ö
Z	H	I	S	Y	U	Z	R	I	L	O	L	K	A	A	K
G	X	T	R	H	Y	U	I	K	A	K	D	U	L	X	Z
E	N	A	C	M	L	J	S	U	M	T	I	R	K	K	S
T	O	P	U	J	P	L	F	A	W	Y	E	X	I	B	E
A	F	E	C	P	H	A	P	H	M	S	F	M	X	B	I

ALBUM
BALLADA
ÉNEKEL
ÉNEKES
KLASSZIKUS
KÓRUS
FELVÉTEL
HARMÓNIA
RÖGTÖNÖZ
ESZKÖZ
LÍRAI
DALLAM
MIKROFON
ZENEI
ZENÉSZ
OPERA
KÖLTŐI
RITMUS
TEMPÓ
ÉNEK

60 - Matemática

T	S	U	G	Á	R	K	P	O	L	I	G	O	N	S	C
G	Ö	Ő	A	N	C	H	I	E	Z	Y	K	A	O	H	E
E	D	R	N	F	B	O	I	T	G	E	Z	S	S	Ö	C
O	S	É	E	M	Y	V	F	F	E	Y	X	Y	G	W	K
M	P	M	Y	D	G	D	Y	M	T	V	E	L	U	B	K
E	E	T	H	I	É	D	M	M	K	H	Ő	N	F	Z	A
T	A	Á	P	X	M	K	P	G	J	L	M	U	L	S	N
R	S	Z	I	M	M	E	T	R	I	A	M	P	I	E	O
I	N	A	T	M	Á	Z	S	E	D	E	Z	I	T	G	T
A	T	W	S	O	M	A	Z	U	H	R	Á	P	E	E	G
K	E	R	Ü	L	E	T	Ö	A	D	S	E	Z	Z	L	Ö
O	V	P	A	L	A	L	G	É	T	Z	S	H	Y	Ő	M
J	V	A	C	V	J	V	E	H	F	Á	O	X	G	R	B
B	F	X	J	W	Y	A	K	S	U	M	S	T	É	E	P
H	Á	R	O	M	S	Z	Ö	G	H	O	M	K	N	M	V
E	A	W	O	S	J	O	J	Y	Y	K	V	S	Y	E	O

SZÁMTAN
SZÖGEK
TIZEDES
ÁTMÉRŐ
EGYENLET
GÖMB
KITEVŐ
TÖREDÉK
GEOMETRIA
SZÁMOK
PÁRHUZAMOS
KERÜLET
MERŐLEGES
POLIGON
NÉGYZET
SUGÁR
TÉGLALAP
SZIMMETRIA
ÖSSZEG
HÁROMSZÖG

61 - Saúde e Bem Estar #1

E	S	U	R	Í	V	N	Y	G	H	V	G	H	W	K	B
M	Á	H	S	P	J	D	B	B	O	H	E	R	C	I	A
V	T	T	K	N	W	B	I	X	R	I	X	K	V	K	K
F	R	I	Y	C	O	M	W	T	M	Ő	V	M	X	A	T
D	A	L	D	A	K	T	Í	V	O	G	B	P	I	P	É
F	T	I	B	E	C	K	O	T	N	O	S	C	N	C	R
N	T	F	N	G	G	Á	S	S	O	V	R	O	E	S	I
T	S	T	G	G	Á	E	F	J	K	Z	I	A	K	O	U
K	E	Z	E	L	É	S	K	A	R	Y	V	T	A	L	M
H	T	T	M	Y	K	Á	S	É	R	Ö	T	E	R	Ó	O
Y	A	F	H	P	Z	K	A	A	H	P	X	R	E	D	K
X	T	E	Z	J	G	O	J	O	G	S	L	Á	F	Á	P
P	N	N	U	X	L	Z	G	G	X	A	N	P	L	S	B
H	T	B	A	G	É	S	H	É	N	J	M	I	E	X	G
G	Y	Ó	G	Y	S	Z	E	R	T	Á	R	A	X	N	X
O	R	V	O	S	K	L	I	N	I	K	A	E	Z	N	A

MAGASSÁG
AKTÍV
BAKTÉRIUMOK
KLINIKA
ORVOS
GYÓGYSZERTÁR
ÉHSÉG
TÖRÉS
SZOKÁS
HORMONOK
ORVOSSÁG
IDEGEK
CSONTOK
BŐR
TESTTARTÁS
REFLEX
KIKAPCSOLÓDÁS
TERÁPIA
KEZELÉS
VÍRUS

62 - Imigração

M	V	Y	N	X	K	Ó	I	S	I	Y	N	N	D	F	X
E	B	X	H	Ő	D	I	R	Á	T	A	H	V	O	I	R
G	M	I	D	U	P	C	M	L	E	C	P	É	K	N	B
O	U	V	C	R	U	Á	G	A	Z	J	K	D	U	A	P
L	X	N	S	B	H	K	L	Y	Y	U	C	E	M	N	D
D	R	O	Y	P	Á	I	I	G	L	M	R	L	E	S	N
Á	K	D	O	H	Z	N	I	R	E	C	X	E	N	Z	G
S	O	Z	F	P	T	U	E	Á	H	F	W	M	T	Í	Y
G	R	U	A	B	R	M	T	T	R	Y	A	O	U	R	E
S	Á	T	A	G	O	M	Á	T	U	G	C	F	M	O	R
T	T	B	N	R	F	O	L	Y	A	M	A	T	O	Z	M
I	A	R	R	O	K	K	G	K	C	E	O	B	K	Á	E
S	H	T	E	J	Ó	V	Á	H	A	G	Y	Á	S	S	K
Z	H	I	I	S	F	E	L	N	Ő	T	T	E	K	H	E
T	F	O	D	K	S	F	O	Z	X	N	Y	E	L	V	K
G	T	W	S	W	O	Z	T	Ö	R	V	É	N	Y	V	W

FELNŐTTEK
TÁMOGATÁS
JÓVÁHAGYÁS
KOMMUNIKÁCIÓ
GYERMEKEK
DOKUMENTUMOK
STRESSZ
FINANSZÍROZÁS
HATÁROK
HÁZ
TÖRVÉNY
NYELV
TÁRGYALÁS
TISZT
HATÁRIDŐ
FOLYAMAT
VÉDELEM
HELYZET
MEGOLDÁS

63 - Natureza

L	Á	E	H	Y	I	F	K	É	D	E	N	E	M	P	S
D	O	L	P	L	B	O	E	K	E	N	N	S	N	L	V
F	L	M	L	O	V	L	U	L	R	S	H	U	I	É	L
T	F	W	B	A	W	Y	U	V	Ű	D	X	K	B	T	E
Y	S	B	Y	O	T	Ó	T	R	S	N	D	I	K	F	P
R	U	N	K	D	Z	O	P	K	U	X	Z	M	I	O	M
F	E	L	H	Ő	K	A	K	Ö	C	W	O	A	Y	N	U
I	L	X	W	P	Y	P	T	D	V	U	H	N	B	T	E
Z	V	I	R	A	R	E	G	A	T	A	V	I	S	O	R
E	R	D	Ő	N	V	J	É	V	B	Y	A	D	É	S	Ó
N	B	I	I	J	R	E	S	C	C	E	L	G	K	S	Z
H	S	V	W	V	E	Z	P	B	N	M	T	Y	É	Á	I
S	A	R	K	V	I	D	É	K	I	Z	É	E	B	G	Ó
S	K	C	M	F	V	X	Z	F	V	X	Z	H	V	Ú	Y
C	I	I	B	Z	B	I	S	U	P	Ó	R	T	E	X	I
S	Z	E	N	T	É	L	Y	S	P	J	C	W	M	K	X

MÉHEK
MENEDÉK
ÁLLATOK
SARKVIDÉKI
SZÉPSÉG
SIVATAG
DINAMIKUS
ERÓZIÓ
ERDŐ
LOMBOZAT
GLECCSER
KÖD
FELHŐK
BÉKÉS
FOLYÓ
SZENTÉLY
VAD
DERŰS
TRÓPUSI
LÉTFONTOSSÁGÚ

64 - Doença

E	W	D	J	C	T	K	V	G	D	D	E	G	V	K	O
G	G	V	Í	Z	S	É	Z	G	É	L	X	R	S	P	F
N	X	É	O	E	E	O	R	K	B	B	J	K	B	S	R
E	H	E	S	Á	T	I	N	U	M	M	I	A	V	A	Y
Y	K	M	P	Z	Ő	D	Ü	T	U	Y	G	V	V	I	D
G	G	E	F	C	S	X	H	P	O	Y	H	K	Z	T	A
S	Ő	H	U	H	U	É	G	I	I	K	É	Y	G	Á	K
E	Z	A	X	A	K	Z	G	C	A	Ó	J	T	H	P	H
T	Ő	I	J	S	I	M	X	W	K	Z	X	O	I	O	W
E	T	G	N	I	N	P	P	A	I	O	D	B	Z	R	F
L	R	R	L	D	Ó	E	P	R	T	K	P	Z	O	U	A
K	E	E	I	E	R	A	E	P	E	O	Z	Z	E	E	S
Ö	F	L	I	S	K	Ó	U	H	N	R	L	I	S	N	U
R	J	L	Z	K	Y	P	M	Z	E	Ó	C	H	E	U	Z
Ö	G	A	C	Y	E	X	B	A	G	K	A	U	R	L	E
G	Y	U	L	L	A	D	Á	S	T	E	R	Á	P	I	A

HASI
ALLERGIA
FERTŐZŐ
SZÍV
TEST
KRÓNIKUS
GYENGE
GENETIKAI
ÖRÖKLETES
IMMUNITÁS
GYULLADÁS
ÁGYÉKI
NEUROPÁTIA
CSONTOK
KÓROKOZÓK
TÜDŐ
LÉGZÉS
EGÉSZSÉG
SZINDRÓMA
TERÁPIA

65 - Aquecimento Global

S	O	M	G	I	F	X	A	Z	U	M	J	W	E	E	J
A	G	E	N	E	R	Á	C	I	Ó	K	M	R	N	H	O
R	Á	L	F	X	É	I	F	M	M	W	O	E	E	H	G
K	S	E	G	X	Y	G	U	P	O	U	W	M	R	P	S
V	L	Y	O	G	B	R	H	V	M	S	C	B	G	K	Z
I	Á	G	G	T	C	U	O	A	Y	F	T	E	I	O	A
D	V	I	H	Á	K	U	S	C	J	R	X	R	A	R	B
É	S	F	F	F	Z	E	T	L	V	L	X	E	J	M	Á
K	Ó	I	C	Á	L	U	P	O	P	C	A	K	K	Á	L
I	T	E	Z	E	Y	N	R	Ö	K	T	P	T	G	N	Y
N	E	M	Z	E	T	K	Ö	Z	I	S	O	Z	W	Y	O
A	D	A	T	Z	Z	P	I	S	J	Ö	V	Ő	R	Y	K
I	A	D	J	D	M	F	E	J	L	Ő	D	É	S	L	B
P	H	Ő	M	É	R	S	É	K	L	E	T	I	E	K	F
A	R	O	R	I	T	U	D	Ó	S	Y	H	G	T	O	O
R	F	C	M	P	P	S	T	X	Z	B	H	P	B	Z	U

MOST
KÖRNYEZETI
FIGYELEM
SARKVIDÉKI
TUDÓS
ÉGHAJLAT
VÁLSÁG
ADAT
FEJLŐDÉS
ENERGIA
JÖVŐ
GÁZ
GENERÁCIÓK
KORMÁNY
EMBEREK
IPAR
NEMZETKÖZI
JOGSZABÁLYOK
POPULÁCIÓK
HŐMÉRSÉKLET

66 - Aviões

L	H	L	L	I	U	L	B	M	P	L	P	B	N	J	O
E	I	M	E	H	S	Á	Z	A	M	R	Á	Z	S	I	G
V	D	O	F	G	É	X	G	P	L	P	I	L	Ó	T	A
E	R	T	S	Á	É	I	I	A	U	L	M	L	Z	T	Y
G	O	O	M	S	G	N	R	J	U	V	O	V	I	Ö	N
Ő	G	R	A	S	X	E	Y	Á	U	F	N	N	P	R	A
E	É	K	I	A	C	X	P	S	N	D	V	V	M	T	M
N	N	A	C	G	J	A	Y	A	É	Y	J	Z	T	É	E
D	R	V	N	A	S	V	T	T	E	G	X	A	J	N	Z
V	Ö	S	E	M	B	Z	A	U	T	D	X	G	K	E	Ü
F	K	A	L	A	N	D	F	Z	A	Z	Z	R	T	L	V
Y	G	N	U	C	F	O	E	P	T	K	O	X	S	E	E
E	É	H	B	R	S	Á	L	L	Á	Z	S	E	L	M	J
L	L	B	R	S	D	J	F	R	X	C	X	Z	J	A	S
Z	J	L	U	W	X	O	Ú	H	A	J	Ó	Z	I	K	M
É	P	Í	T	É	S	K	J	Y	Z	I	A	M	S	F	L

MAGASSÁG
LEVEGŐ
LESZÁLLÁS
LÉGKÖR
KALAND
BALLON
ÉG
ÜZEMANYAG
ÉPÍTÉS
SZÁRMAZÁS
IRÁNY
HIDROGÉN
TÖRTÉNELEM
FELFÚJ
MOTOR
HAJÓZIK
UTAS
PILÓTA
LEGÉNYSÉG
TURBULENCIA

67 - Tipos de Cabelo

V	N	L	D	E	A	G	G	E	S	Ú	P	T	D	C	F
K	T	P	A	G	X	S	Ö	V	N	Z	X	H	N	H	O
J	P	P	G	É	S	E	N	Í	Z	S	Ü	O	N	P	N
N	F	M	O	S	U	A	D	Z	A	S	H	R	L	Y	O
P	X	E	Z	Z	R	U	Ö	K	G	O	O	É	K	Z	T
P	U	H	A	S	S	W	R	R	E	H	W	H	F	E	T
X	C	E	X	É	Z	K	O	P	A	S	Z	E	É	H	V
I	K	Z	W	G	Á	V	A	S	T	A	G	F	N	U	É
M	N	Ü	H	E	R	C	O	F	D	S	R	T	Y	L	K
P	O	S	R	S	A	Z	O	S	Ü	S	Z	N	E	L	O
B	U	T	R	K	Z	I	R	B	N	R	I	G	S	Á	N
O	A	W	U	H	V	A	L	U	N	G	T	R	B	M	Y
L	L	R	S	Z	Ő	K	E	L	G	P	D	Ö	Z	O	U
G	O	J	N	F	E	K	E	T	E	T	D	A	K	S	J
F	U	O	D	A	I	M	A	A	A	V	D	L	W	U	B
E	X	V	P	S	B	R	K	E	E	Z	S	I	N	Ó	R

FEHÉR
FÉNYES
FÜRTÖK
KOPASZ
SZÜRKE
SZÍNES
GÖNDÖR
VÉKONY
VASTAG
SZŐKE
HOSSZÚ
BARNA
HULLÁMOS
EZÜST
FEKETE
EGÉSZSÉGES
SZÁRAZ
PUHA
FONOTT
ZSINÓR

68 - Criatividade

U	P	Y	F	W	T	G	B	L	P	C	H	B	M	K	S
C	H	N	W	U	S	É	Z	E	J	E	F	I	K	É	Z
L	S	M	Ó	I	C	Í	U	T	N	I	G	Z	W	S	E
S	N	Z	R	F	H	X	M	V	C	Y	X	T	L	Z	N
A	D	P	E	T	Z	O	N	F	Í	N	O	P	N	S	Z
D	R	Á	M	A	I	G	Y	E	W	Z	I	M	E	É	Á
L	H	I	T	E	L	E	S	S	É	G	I	H	Á	G	C
T	A	L	Á	L	É	K	O	N	Y	F	C	Ó	L	S	I
K	É	P	Z	E	L	E	T	F	Y	C	P	É	K	E	Ó
B	R	F	D	O	S	P	O	N	T	Á	N	H	E	G	T
S	P	I	N	T	E	N	Z	I	T	Á	S	C	S	X	J
F	O	L	Y	É	K	O	N	Y	S	Á	G	N	É	A	C
V	I	L	Á	G	O	S	S	Á	G	Y	B	C	Z	M	K
M	Ű	V	É	S	Z	I	K	E	M	L	E	Z	R	É	V
É	L	E	T	E	R	Ő	D	P	K	L	C	X	É	G	U
V	I	B	S	N	C	H	K	O	W	Z	C	X	W	H	M

MŰVÉSZI
HITELESSÉG
VILÁGOSSÁG
DRÁMAI
ÉRZELMEK
SPONTÁN
KIFEJEZÉS
FOLYÉKONYSÁG
KÉSZSÉG
KÉP
KÉPZELET
BENYOMÁS
IHLET
INTENZITÁS
INTUÍCIÓ
TALÁLÉKONY
SZENZÁCIÓ
ÉRZÉSEK
VÍZIÓK
ÉLETERŐ

69 - Dias e Meses

J	E	O	W	G	R	K	F	E	T	K	D	N	W	F	C
U	U	K	L	F	I	W	T	B	Y	X	O	K	N	B	S
Ő	F	T	É	H	K	E	D	D	Z	I	A	P	R	V	Ü
D	W	Ó	V	C	P	A	N	Ó	H	G	T	C	Á	C	T
B	Z	B	A	C	J	É	F	K	P	K	T	L	U	F	Ö
C	W	E	S	H	Ú	N	N	A	U	B	E	Z	N	G	R
X	S	R	Á	E	L	Z	H	T	R	Á	T	P	A	N	T
L	U	P	R	E	I	Y	F	M	E	H	L	S	J	N	Ö
S	T	F	N	K	U	A	F	Y	B	K	H	É	T	O	K
I	Z	M	A	D	S	R	E	B	M	E	C	E	D	V	M
L	S	O	P	T	É	N	B	K	E	L	B	Z	D	E	X
I	U	S	M	E	D	V	R	Y	T	R	G	H	D	M	W
R	G	W	Y	B	O	M	U	U	P	K	M	Y	X	B	J
P	U	D	T	W	A	J	Á	A	E	S	N	S	D	E	U
Á	A	U	D	V	H	T	R	V	Z	X	D	Z	I	R	N
W	Y	P	Z	Y	V	E	T	K	S	U	I	N	Ú	J	T

ÁPRILIS
AUGUSZTUS
ÉV
NAPTÁR
DECEMBER
VASÁRNAP
FEBRUÁR
JANUÁR
JÚLIUS
JÚNIUS
HÓNAP
NOVEMBER
OKTÓBER
CSÜTÖRTÖK
SZOMBAT
HÉTFŐ
HÉT
SZEPTEMBER
PÉNTEK
KEDD

70 - Saúde e Bem Estar #2

K	A	Z	P	S	E	G	É	S	Z	S	É	G	E	V	F
S	A	K	L	Ú	K	X	H	S	G	S	S	E	G	M	E
U	A	L	Y	L	Z	X	L	E	K	H	G	I	N	F	R
G	I	D	Ó	Y	J	M	G	X	U	V	B	F	L	N	T
I	G	A	F	R	A	N	A	T	Ó	M	I	A	M	F	Ő
F	R	V	U	A	I	G	R	E	N	E	F	D	X	U	Z
G	E	I	P	F	R	A	K	I	T	E	N	E	G	E	É
S	L	L	A	X	J	T	R	É	G	H	B	C	É	M	S
W	L	X	É	G	K	É	N	T	Z	E	Z	P	S	É	M
Z	A	K	Y	P	D	I	D	V	T	E	S	T	G	S	A
K	Y	Z	G	E	Ü	D	M	Á	V	É	R	F	E	Z	S
P	Ó	U	X	T	A	L	U	G	N	A	H	E	T	T	S
R	F	R	G	U	W	J	É	Y	V	F	T	D	E	É	Z
F	K	C	H	J	C	I	F	S	O	T	F	O	B	S	Á
S	R	O	O	Á	H	I	G	I	É	N	I	A	K	K	Z
Y	G	W	Y	E	Z	T	S	V	I	T	A	M	I	N	S

ALLERGIA
ANATÓMIA
ÉTVÁGY
KALÓRIA
TEST
DIÉTA
EMÉSZTÉS
BETEGSÉG
ENERGIA
GENETIKA
HIGIÉNIA
KÓRHÁZ
HANGULAT
FERTŐZÉS
MASSZÁZS
SÚLY
FELÉPÜLÉS
VÉR
EGÉSZSÉGES
VITAMIN

71 - Geografia

É	M	G	M	K	M	C	I	Y	P	C	F	S	Y	O	S
V	S	Á	T	A	N	Y	U	G	A	T	V	Y	J	L	Z
Á	L	Z	C	V	G	A	B	E	K	E	T	L	É	F	I
R	Z	S	A	L	T	A	N	H	V	I	L	Á	G	S	G
O	M	R	H	K	O	M	S	U	K	F	Y	C	G	Z	E
S	K	O	E	E	D	S	N	S	L	A	U	C	R	É	T
X	H	G	L	N	N	K	E	B	Á	X	R	P	X	L	P
K	D	J	F	V	M	R	N	I	W	G	E	H	I	E	F
Ó	C	E	Á	N	E	T	I	N	T	U	P	T	E	S	Y
X	T	E	L	Ü	R	E	T	M	S	E	J	M	E	S	N
O	T	E	S	K	I	X	N	N	L	U	N	W	C	É	D
I	I	K	A	U	D	T	O	F	D	K	T	G	Y	G	R
X	P	N	T	T	I	F	K	É	D	I	V	E	E	P	D
U	O	I	X	D	Á	R	A	L	P	D	S	X	B	R	Y
H	D	B	F	P	N	J	R	G	P	É	K	R	É	T	T
J	B	C	M	O	F	O	L	Y	Ó	L	O	N	L	T	U

MAGASSÁG
ATLASZ
VÁROS
KONTINENS
FÉLTEKE
SZIGET
SZÉLESSÉG
TÉRKÉP
TENGER
MERIDIÁN
HEGY
VILÁG
ÉSZAK
ÓCEÁN
NYUGAT
ORSZÁG
VIDÉK
FOLYÓ
DÉL
TERÜLET

72 - Antártica

M	N	V	J	M	E	G	Ő	R	Z	É	S	H	B	T	E
I	L	U	É	F	E	L	T	Á	R	Á	S	Ő	Á	J	X
G	L	K	G	U	S	P	U	L	D	T	N	M	L	W	P
R	K	S	D	O	F	C	G	V	P	E	V	É	N	L	E
Á	G	O	J	M	W	U	A	Í	K	Z	C	R	Á	T	D
C	P	L	N	Y	F	O	O	Z	B	E	H	S	K	D	Í
I	O	I	E	T	L	V	S	T	F	Y	F	É	G	Y	C
Ó	W	P	N	C	I	R	W	T	O	N	U	K	J	U	I
T	T	Y	P	G	C	N	Z	J	A	R	D	L	Ö	F	Ó
A	J	Y	I	K	V	S	E	B	F	Ö	R	E	U	R	Y
T	R	K	W	K	X	I	E	N	N	K	K	T	V	D	B
U	E	O	X	V	J	H	N	R	S	Á	L	K	I	Z	S
K	T	R	W	T	B	B	I	E	E	P	Ö	E	I	J	K
S	Z	I	G	E	T	E	K	N	K	K	B	W	I	I	D
T	U	D	O	M	Á	N	Y	O	S	O	Ö	U	G	W	U
B	J	C	B	Y	P	F	É	L	S	Z	I	G	E	T	M

KÖRNYEZET
VÍZ
ÖBÖL
BÁLNÁK
TUDOMÁNYOS
MEGŐRZÉS
KONTINENS
EXPEDÍCIÓ
FELTÁRÁS
GLECCSEREK
JÉG
FÖLDRAJZ
SZIGETEK
KUTATÓ
MIGRÁCIÓ
FÉLSZIGET
PINGVINEK
SZIKLÁS
HŐMÉRSÉKLET

73 - Flores

P	F	Y	X	Y	L	X	T	B	P	V	S	L	T	H	R
I	Z	C	F	V	N	Ó	X	G	É	M	B	I	Z	I	G
T	K	X	N	V	H	I	H	X	Z	T	Y	L	Z	B	O
Y	Ö	H	E	A	H	P	V	E	S	V	E	I	J	I	H
P	R	M	W	A	I	N	É	D	R	A	G	O	Z	S	R
A	Ö	N	K	S	A	I	W	C	O	E	S	M	G	Z	C
N	M	A	S	Z	Ó	R	A	S	Z	A	B	Z	S	K	S
G	V	P	I	Ó	Z	G	O	K	S	M	C	A	U	U	O
T	I	R	V	R	T	R	O	X	Z	A	P	L	O	S	K
U	R	A	A	D	E	B	N	K	Á	M	S	U	R	Z	O
L	Á	F	J	Á	Z	M	I	N	Z	G	Z	D	C	K	R
I	G	O	U	W	X	H	U	H	S	R	I	N	H	X	A
P	E	R	H	G	I	V	B	L	X	M	R	E	I	H	W
Á	D	G	R	B	Z	G	A	B	P	Z	O	V	D	H	K
N	X	Ó	N	A	I	L	Ó	N	G	A	M	E	E	D	E
W	I	M	Z	A	L	I	L	Y	N	Á	V	L	A	H	M

CSOKOR
KÖRÖMVIRÁG
PITYPANG
GARDÉNIA
NAPRAFORGÓ
HIBISZKUSZ
JÁZMIN
LEVENDULA
HALVÁNYLILA
LILIOM
MAGNÓLIA
SZÁZSZORSZÉP
ORCHIDEA
MÁK
BAZSARÓZSA
SZIROM
PLUMERIA
RÓZSA
LÓHERE
TULIPÁN

74 - Fazenda #1

H	C	T	V	M	Y	R	S	C	V	Y	O	L	L	A	G
Ú	J	R	O	B	F	C	Z	B	A	X	D	L	T	Ó	A
G	M	Á	K	U	T	Y	A	K	R	W	N	S	Ő	L	W
B	H	G	K	E	C	S	K	E	J	O	V	Í	Z	N	S
N	S	Y	M	I	K	S	E	X	Ú	K	S	D	E	É	K
A	Z	A	E	X	Y	R	M	A	C	S	K	A	M	H	M
T	A	K	Z	O	B	A	I	M	R	É	F	H	V	E	G
O	M	Y	Ő	Y	S	T	U	S	Y	T	X	T	O	T	T
L	Á	N	G	S	D	W	H	P	C	Í	S	P	D	I	X
S	R	W	A	E	A	F	A	R	A	R	N	F	L	V	K
Z	Z	F	Z	J	F	S	U	X	L	E	C	U	R	M	W
É	R	C	D	C	R	J	P	B	A	K	A	P	O	É	Z
N	G	S	A	S	I	N	A	E	M	J	R	F	U	H	P
A	C	E	S	J	Z	X	G	D	K	M	I	N	Z	R	W
H	X	G	Á	B	S	N	Y	Á	J	V	M	P	G	M	H
Y	C	R	G	L	O	B	Y	K	T	C	H	F	Z	F	D

MÉH
MEZŐGAZDASÁG
RIZS
VÍZ
BORJÚ
SZAMÁR
KECSKE
MEZŐ
LÓ
KUTYA
KERÍTÉS
VARJÚ
SZÉNA
TRÁGYA
CSIRKE
MACSKA
MÉZ
MALAC
NYÁJ
TEHÉN

75 - Livros

S	U	T	X	E	T	N	O	K	Í	R	O	T	T	T	I
U	Z	K	Ö	L	T	É	S	Z	E	T	T	V	N	A	D
K	J	E	N	F	Z	I	N	H	C	A	R	M	G	L	E
I	T	E	R	G	M	H	I	U	Z	Z	A	Y	A	Á	V
P	Ö	X	N	Z	V	L	S	W	S	O	G	N	Y	L	O
E	R	O	Z	S	Ő	R	T	P	F	R	I	V	U	É	N
H	T	O	Z	V	X	H	K	G	Y	O	K	L	Z	K	A
U	É	U	H	B	V	F	N	E	W	S	U	H	Z	O	T
D	N	A	L	A	K	H	Z	Y	T	N	S	T	P	N	K
F	E	D	T	I	M	L	E	N	É	T	R	Ö	T	Y	O
O	T	H	S	W	O	G	T	É	U	A	Ő	X	B	Y	Z
R	L	V	E	R	S	P	T	G	G	O	S	S	M	K	Ó
J	N	V	G	Y	Ű	J	T	E	M	É	N	Y	S	C	B
I	M	L	A	D	O	R	I	R	I	S	Z	G	V	É	C
Z	J	V	B	S	N	A	R	R	Á	T	O	R	G	H	G
P	C	N	C	C	Ó	O	L	D	A	L	U	H	X	M	O

SZERZŐ
KALAND
GYŰJTEMÉNY
KONTEXTUS
KETTŐSSÉG
ÍROTT
EPIKUS
TÖRTÉNET
TÖRTÉNELMI
TALÁLÉKONY
OLVASÓ
IRODALMI
NARRÁTOR
OLDAL
VERS
KÖLTÉSZET
IDE VONATKOZÓ
REGÉNY
SOROZAT
TRAGIKUS

76 - Governo

N	T	G	I	X	T	W	A	K	B	A	F	H	J	L	F
D	E	Á	Ű	M	K	É	L	M	E	G	V	I	H	G	Ü
E	K	M	L	M	Y	T	K	A	D	R	P	O	B	N	G
M	L	E	Z	L	A	B	O	O	A	T	Ü	M	J	I	G
O	K	L	N	E	A	V	T	G	R	B	F	L	D	J	E
K	G	K	L	I	T	M	M	É	D	X	B	I	E	Ő	T
R	G	Á	S	S	O	G	Á	S	Z	A	G	I	N	T	L
Á	Á	F	Z	A	E	Y	N	Ő	Y	D	K	R	E	E	E
C	S	S	I	M	B	X	Y	L	N	S	D	Á	M	Z	N
I	D	É	Z	S	E	B	J	N	Y	N	A	G	Z	E	S
A	A	K	K	V	C	L	U	E	C	T	A	L	E	V	É
T	B	É	V	I	T	A	W	Y	H	O	F	O	T	X	G
V	A	B	Í	R	Ó	S	Á	G	I	N	B	P	I	N	M
X	Z	I	P	W	T	R	E	E	T	Ö	R	V	É	N	Y
B	S	P	O	L	I	T	I	K	A	Z	E	P	X	Y	H
R	J	S	Z	I	M	B	Ó	L	U	M	M	G	F	H	R

POLGÁRI
ALKOTMÁNY
DEMOKRÁCIA
BESZÉD
VITA
KERÜLET
ÁLLAM
EGYENLŐSÉG
FÜGGETLENSÉG
BÍRÓSÁGI
IGAZSÁGOSSÁG
TÖRVÉNY
SZABADSÁG
VEZETŐ
EMLÉKMŰ
NEMZETI
NEMZET
BÉKÉS
POLITIKA
SZIMBÓLUM

77 - Jardinagem

Z	M	R	T	A	O	H	T	E	Ő	L	M	Ö	T	W	L
B	Y	L	A	T	T	P	A	G	T	O	D	P	J	O	U
I	O	S	L	M	T	I	R	Z	E	M	O	O	L	B	P
A	M	T	J	F	B	S	T	O	H	B	X	D	X	R	G
O	R	U	A	S	O	Z	Á	T	E	O	U	D	K	N	E
X	G	W	H	N	A	O	L	I	G	Z	M	A	G	O	K
S	W	U	G	X	I	K	Y	K	V	A	Í	V	Á	D	C
O	Z	D	É	R	L	K	P	U	K	T	H	V	R	D	P
G	O	E	S	O	E	M	A	S	V	W	S	T	I	K	Z
Á	I	S	Z	K	O	M	P	O	S	Z	T	H	V	C	H
R	U	E	A	O	N	E	D	V	E	S	S	É	G	B	Z
I	F	T	B	S	N	B	M	A	K	L	L	E	V	É	L
V	S	U	C	C	S	Á	W	D	R	D	U	W	U	Z	E
W	D	P	S	Ö	S	C	L	Ö	M	Ü	Y	G	L	F	N
W	N	D	M	H	B	S	A	I	J	I	Y	W	C	B	H
D	S	X	F	A	J	N	G	B	S	T	A	L	A	J	V

VÍZ
BOTANIKA
CSOKOR
ÉGHAJLAT
EHETŐ
KOMPOSZT
FAJ
EGZOTIKUS
VIRÁG
VIRÁGOS
LEVÉL
LOMBOZAT
TÖMLŐ
GYÜMÖLCSÖS
TARTÁLY
SZEZONÁLIS
MAGOK
TALAJ
PISZOK
NEDVESSÉG

78 - Profissões #2

F	I	L	N	C	T	R	X	S	K	B	T	U	H	N	F
N	I	L	H	K	K	Ö	N	R	É	M	S	G	E	F	E
Y	P	L	L	O	G	Ö	U	B	P	W	I	R	U	F	L
E	I	O	O	U	E	L	N	F	E	S	T	Ő	T	O	T
L	L	C	S	Z	S	F	L	Y	O	R	V	O	S	G	A
V	Ó	L	W	S	Ó	Z	M	T	V	V	N	H	U	O	L
É	T	C	G	É	T	F	T	W	Z	T	C	P	G	R	Á
S	A	W	D	B	A	X	U	R	M	B	Á	I	Ó	V	L
Z	D	D	M	E	T	N	E	S	Á	E	R	R	L	O	Ó
M	Z	I	D	S	U	P	U	T	X	T	D	A	O	S	C
G	A	J	B	H	K	T	A	N	Á	R	O	V	I	S	G
S	G	K	E	R	T	É	S	Z	E	W	U	R	B	U	Z
O	F	O	T	Ó	S	U	G	Ó	L	O	O	Z	S	O	L
O	B	V	G	R	X	G	Z	D	D	B	N	I	X	C	D
F	P	R	Y	Z	Ű	R	H	A	J	Ó	S	Y	M	R	E
Ú	J	S	Á	G	Í	R	Ó	V	E	K	C	B	L	Z	L

GAZDA
ŰRHAJÓS
KÖNYVTÁROS
BIOLÓGUS
SEBÉSZ
FOGORVOS
MÉRNÖK
FILOZÓFUS
FOTÓS
ILLUSZTRÁTOR
FELTALÁLÓ
KUTATÓ
KERTÉSZ
ÚJSÁGÍRÓ
NYELVÉSZ
ORVOS
PILÓTA
FESTŐ
TANÁR
ZOOLÓGUS

79 - Café

E	R	X	M	Z	D	N	F	D	O	E	N	Y	A	A	Y
R	U	T	M	V	Í	Z	E	A	A	M	U	P	E	I	N
E	Á	R	D	G	G	I	K	N	T	R	O	K	U	C	L
D	B	Ő	B	N	Í	B	E	I	E	X	Á	J	R	H	O
E	A	R	O	M	A	Z	T	E	J	F	D	L	T	M	X
T	L	Ű	I	O	S	E	E	F	O	L	Y	A	D	É	K
I	R	Z	R	I	T	A	L	F	T	C	S	S	N	R	C
M	I	S	T	E	O	Z	S	O	R	S	O	V	S	K	P
T	L	Z	A	R	G	I	H	K	L	É	Z	F	I	I	T
R	A	S	U	W	H	G	Z	Z	W	S	S	H	G	I	F
P	Ö	R	K	Ö	L	T	E	N	C	Z	G	G	F	I	E
O	H	A	U	T	H	H	H	L	L	E	F	A	J	T	A
J	U	W	T	G	E	W	C	D	R	J	F	E	I	X	Y
T	Z	R	E	Y	K	E	S	E	R	Ű	C	C	T	X	O
U	D	W	W	W	X	U	M	Z	J	G	P	C	V	H	O
Z	P	O	N	L	Y	Z	J	W	V	K	C	I	V	M	W

CUKOR
KESERŰ
AROMA
PÖRKÖLT
VÍZ
ITAL
KOFFEIN
CSÉSZE
KRÉM
SZŰRŐ
TEJ
FOLYADÉK
REGGEL
DARÁL
EREDET
ÁR
FEKETE
ÍZ
FAJTA

80 - Negócios

M	J	C	R	C	T	Y	B	H	U	K	A	P	M	H	A
N	E	Ö	G	I	Y	X	D	C	P	Y	G	É	M	G	L
Y	I	N	V	T	Ó	T	A	T	L	Á	K	N	U	M	K
E	F	F	E	E	L	G	S	T	J	N	L	Z	R	B	A
R	O	B	S	D	D	B	V	B	S	C	B	Ü	Á	P	L
E	U	S	D	N	Z	E	E	C	J	D	C	G	M	P	M
S	Á	D	A	L	E	S	L	R	Á	Y	G	Y	T	S	A
É	N	K	W	M	X	W	E	E	U	C	U	A	L	I	Z
G	L	H	R	V	A	A	Z	R	M	H	X	O	A	X	O
P	É	N	Z	Z	T	A	L	A	L	L	Á	V	D	V	T
K	A	R	R	I	E	R	J	E	H	A	R	Z	M	B	T
K	Ö	L	T	S	É	G	H	C	C	J	S	O	Á	U	G
Ó	T	X	E	F	S	F	K	Z	K	C	S	E	B	S	I
D	G	O	L	K	E	D	V	E	Z	M	É	N	Y	S	H
A	Y	S	Z	K	Ö	L	T	S	É	G	V	E	T	É	S
S	X	W	Ü	I	I	R	O	D	A	T	U	L	A	V	E

KARRIER
KÖLTSÉG
KEDVEZMÉNY
PÉNZ
ALKALMAZOTT
MUNKÁLTATÓ
VÁLLALAT
IRODA
GYÁR
PÉNZÜGY
MENEDZSER
ADÓK
BERUHÁZÁS
ÜZLET
NYERESÉG
ÁRU
VALUTA
KÖLTSÉGVETÉS
JÖVEDELEM
ELADÁS

81 - Fazenda #2

R	S	Ö	S	C	L	Ö	M	Ü	Y	G	S	N	B	B	B
I	Y	N	É	V	Ö	N	P	I	E	H	D	R	L	Ú	Á
T	L	A	S	E	P	T	U	Á	Y	Z	K	V	U	Z	R
F	Á	P	G	C	G	Ö	V	U	S	Á	R	P	A	A	Á
Z	M	V	S	N	C	Z	W	X	C	Z	A	K	A	S	N
U	A	J	S	X	I	É	R	T	L	C	T	K	C	C	Y
J	T	E	J	U	I	S	F	X	Ö	O	J	O	I	A	P
T	U	O	G	G	C	T	F	F	M	S	A	K	R	K	W
J	Y	H	M	P	B	R	X	S	Ü	V	P	S	O	W	A
M	É	H	K	A	S	A	G	N	Y	R	L	I	K	F	D
N	L	F	Y	D	W	K	D	J	G	S	É	R	U	S	L
M	S	T	R	Z	K	T	T	E	R	É	W	T	K	J	Y
L	N	G	W	A	K	O	Á	L	L	A	T	O	K	O	J
D	U	J	C	G	H	R	U	O	V	J	C	S	O	O	I
L	K	P	L	H	O	T	X	T	N	N	W	Y	N	C	U
J	J	R	G	T	B	Z	F	H	D	H	N	M	F	F	Y

GAZDA
ÁLLATOK
PAJTA
ÁRPA
MÉHKAS
BÁRÁNY
GYÜMÖLCS
ÖNTÖZÉS
TEJ
LÁMA
ÉRETT
KUKORICA
JUH
PÁSZTOR
KACSA
GYÜMÖLCSÖS
RÉT
TRAKTOR
BÚZA
NÖVÉNYI

82 - Jardim

S	É	T	Í	R	E	K	G	G	F	A	N	O	V	V	S
Z	K	R	R	E	Z	P	E	Y	G	A	L	R	R	R	N
Á	M	A	O	E	F	A	R	Ü	L	K	D	G	S	S	F
R	U	M	K	V	K	U	E	M	I	S	H	P	H	O	T
A	E	B	O	I	H	I	B	Ö	W	C	M	V	A	V	A
G	N	U	B	R	R	H	L	L	D	A	H	E	J	D	X
Y	F	L	D	Á	Z	U	Y	C	K	V	G	K	R	S	M
F	T	I	N	G	L	L	E	S	A	A	M	A	H	B	E
R	A	N	F	S	O	W	A	Ö	M	T	Á	P	A	L	J
Ő	L	M	Ö	T	R	L	Z	S	A	R	E	T	T	D	N
L	A	W	Y	O	F	N	V	U	M	S	Z	E	O	D	S
Ő	J	F	Ü	G	G	Ő	Á	G	Y	G	A	B	R	V	R
Z	V	R	F	U	O	T	Z	D	U	H	X	I	N	W	H
S	Z	L	Y	I	U	L	N	I	J	R	D	X	Á	D	A
A	L	W	Z	C	T	Z	M	G	V	A	J	G	C	P	N
G	P	F	F	Ű	Z	I	Y	H	V	V	U	R	S	J	O

GEREBLYE
BOKOR
FA
PAD
KERÍTÉS
VIRÁG
GARÁZS
FŰ
GYEP
KERT
TAVACSKA
FÜGGŐÁGY
TÖMLŐ
LAPÁT
GYÜMÖLCSÖS
TALAJ
TERASZ
TRAMBULIN
TORNÁC
SZŐLŐ

83 - Oceano

D	E	L	F	I	N	N	T	L	Y	P	B	S	H	R	W
Á	R	A	P	Á	L	Y	O	N	L	O	C	Á	O	X	A
P	V	H	N	P	M	N	R	T	T	L	Y	Y	L	A	S
Z	Á	T	O	N	Y	E	F	G	B	I	S	S	K	N	C
C	Á	P	A	E	G	A	D	C	U	P	Ó	I	Á	C	A
D	T	C	C	P	J	Y	U	Ú	V	I	H	A	R	G	V
V	K	O	M	Á	L	L	U	H	Z	U	D	N	A	J	I
X	A	S	S	Ő	N	K	E	T	E	A	K	L	L	N	Z
W	R	T	D	Z	O	K	N	R	K	P	V	O	É	K	S
T	E	B	M	K	T	D	H	V	M	B	M	G	N	X	I
K	O	R	A	L	L	R	W	A	V	M	Z	N	R	T	I
Á	R	O	R	A	K	O	I	S	F	I	N	A	A	S	V
R	Z	Y	X	H	F	J	U	G	C	P	R	H	G	R	T
B	N	V	V	N	M	O	H	V	A	K	C	A	M	L	J
S	H	J	C	O	U	X	N	X	V	J	B	J	O	R	V
D	Y	O	N	T	Z	W	I	U	G	T	L	Ó	U	V	D

TONHAL
BÁLNA
HAJÓ
GARNÉLARÁK
RÁK
KORALL
ANGOLNA
SZIVACS
DELFIN
ÁRAPÁLY
MEDÚZA
HULLÁMOK
OSZTRIGA
HAL
POLIP
ZÁTONY
SÓ
TEKNŐS
VIHAR
CÁPA

84 - Profissões #1

S	Ó	D	U	T	Ó	B	A	Z	S	Á	E	N	G	T	T
G	Z	R	U	W	U	A	N	Y	E	P	N	E	P	E	Ű
E	S	E	Y	U	M	N	É	P	R	O	A	H	G	N	Z
O	É	P	R	U	S	K	P	K	J	L	F	P	D	G	O
L	P	S	G	K	N	Á	S	D	S	Ó	C	V	B	E	L
Ó	É	Z	N	G	E	R	H	J	W	Z	J	X	C	R	T
G	K	I	E	K	C	S	O	K	X	V	E	C	T	É	Ó
U	R	C	R	Z	E	I	Z	N	U	U	O	R	T	S	C
S	É	H	K	E	U	E	D	T	I	R	S	I	É	Z	O
T	T	O	Ü	N	O	D	A	U	Ő	M	G	Y	S	S	K
V	S	L	G	É	Z	O	N	G	O	R	I	S	T	A	Z
B	N	Ó	Y	S	N	A	G	Y	K	Ö	V	E	T	H	S
S	M	G	V	Z	T	Á	N	C	O	S	A	J	H	S	É
P	U	U	É	V	A	D	Á	S	Z	L	I	Z	E	Z	V
S	O	S	D	C	S	I	L	L	A	G	Á	S	Z	V	Ű
Á	L	L	A	T	O	R	V	O	S	R	O	Y	V	B	M

ÜGYVÉD
SZABÓ
MŰVÉSZ
CSILLAGÁSZ
BANKÁR
TŰZOLTÓ
VADÁSZ
TÉRKÉPÉSZ
TUDÓS
TÁNCOS
SZERKESZTŐ
NAGYKÖVET
ÁPOLÓ
GEOLÓGUS
ÉKSZERÉSZ
TENGERÉSZ
ZENÉSZ
ZONGORISTA
PSZICHOLÓGUS
ÁLLATORVOS

85 - Força e Gravidade

T	J	R	U	V	Y	F	Y	G	Á	S	L	O	V	Á	T
N	E	F	B	O	L	Y	G	Ó	K	E	K	Y	W	T	P
O	Y	N	C	T	Ú	S	O	V	B	B	O	O	D	X	Á
P	S	O	G	G	S	É	Z	E	D	E	F	L	E	F	L
Z	D	C	M	E	F	G	D	Y	V	S	R	I	H	E	Y
Ö	B	R	U	Á	L	R	G	G	O	S	W	B	F	F	A
K	P	N	D	V	S	Y	I	U	Z	É	O	N	J	I	K
S	Ú	R	L	Ó	D	Á	S	K	A	G	W	U	V	U	V
A	C	H	W	W	I	G	Y	M	I	Á	R	T	X	R	R
X	Y	A	L	S	É	D	E	K	Z	S	E	J	R	E	T
Z	L	T	D	N	U	J	I	M	I	Y	G	D	W	M	P
I	L	Á	E	J	P	S	I	Y	M	G	B	Y	C	K	S
N	D	S	O	X	J	N	S	G	P	A	K	I	Z	I	F
R	V	Ő	X	C	U	Z	A	K	I	N	A	H	C	E	M
H	T	U	L	A	J	D	O	N	S	Á	G	O	K	T	W
D	I	N	A	M	I	K	U	S	I	M	V	V	M	F	D

SÚRLÓDÁS
KÖZPONT
FELFEDEZÉS
DINAMIKUS
TÁVOLSÁG
TENGELY
TERJESZKEDÉS
FIZIKA
HATÁS
NAGYSÁG
MECHANIKA
PÁLYA
SÚLY
BOLYGÓK
NYOMÁS
TULAJDONSÁGOK
SEBESSÉG
IDŐ

86 - Abelhas

R	O	V	A	R	B	F	H	K	I	H	K	V	N	A	B
S	H	N	X	K	V	C	Ü	P	M	P	I	I	Ö	T	D
C	O	V	G	E	A	F	X	S	J	A	R	R	V	U	P
L	D	K	H	R	U	Z	C	Ö	T	N	Á	Á	É	Ö	M
Ö	G	X	F	T	B	M	J	Y	W	X	L	G	N	K	É
M	K	X	H	É	F	K	W	N	A	V	Y	O	Y	O	Z
Ü	I	J	N	Y	L	E	H	Ő	L	É	N	K	E	S	O
Y	P	Y	G	V	N	E	L	L	O	P	Ő	G	K	Z	V
G	W	E	X	S	M	B	S	E	O	X	K	Y	M	I	S
K	O	F	I	P	F	F	R	É	V	I	A	S	Z	S	R
M	U	I	D	X	E	I	K	N	G	R	Y	P	T	Z	B
Z	Y	J	X	W	U	C	B	K	N	Á	N	O	N	T	B
G	X	G	M	W	P	I	L	F	D	T	R	V	H	É	N
M	G	P	C	O	F	G	R	H	Z	P	Á	I	K	M	R
P	W	S	H	M	K	K	S	X	H	A	Z	K	V	A	V
B	Y	W	C	N	L	R	H	M	B	K	S	Z	S	R	Z

SZÁRNYAK
ELŐNYÖS
VIASZ
KAPTÁR
SOKFÉLESÉG
ÖKOSZISZTÉMA
RAJ
VIRÁG
VIRÁGOK
GYÜMÖLCS
FÜST
ÉLŐHELY
ROVAR
KERT
MÉZ
NÖVÉNYEK
POLLEN
KIRÁLYNŐ
NAP

87 - Ciência

E	G	M	M	D	T	X	H	T	Y	P	Z	V	W	V	M
É	V	R	G	Y	W	E	R	R	J	H	R	M	Y	O	E
G	L	O	A	K	L	Y	R	E	Z	S	D	Ó	M	E	G
H	S	L	L	V	B	N	L	M	M	V	Y	T	O	B	F
A	E	G	G	Ú	I	É	K	D	É	I	S	Y	O	R	I
J	H	N	A	A	C	T	W	X	N	S	I	V	G	K	G
L	C	K	B	W	X	I	Á	X	J	O	Z	R	H	W	Y
A	K	I	Z	I	F	K	Ó	C	E	Y	É	E	Y	A	E
T	L	P	I	G	M	Á	C	B	I	A	T	K	T	T	L
F	O	S	S	Z	I	L	I	S	T	Ó	O	É	X	O	É
L	T	U	D	N	F	U	O	N	U	T	P	M	U	M	S
U	K	J	S	G	M	K	N	E	D	L	I	I	D	V	R
A	D	A	T	Z	W	E	S	F	Ó	C	H	A	A	F	O
O	M	E	Y	T	E	L	R	É	S	Í	K	I	K	X	E
N	Z	U	O	R	W	O	S	Z	E	R	V	E	Z	E	T
N	G	E	W	K	V	M	N	Ö	V	É	N	Y	E	K	X

ATOM
TUDÓS
ÉGHAJLAT
ADAT
EVOLÚCIÓ
KÍSÉRLET
TÉNY
FIZIKA
FOSSZILIS
GRAVITÁCIÓ
HIPOTÉZIS
MÓDSZER
MOLEKULÁK
TERMÉSZET
MEGFIGYELÉS
SZERVEZET
NÖVÉNYEK
KÉMIAI

88 - Comida #1

T	R	F	V	P	E	U	W	U	I	C	Z	O	K	B	V
L	P	E	T	R	S	A	L	Á	T	A	M	Y	G	A	H
J	P	H	P	H	K	T	A	W	W	D	P	P	F	Z	N
O	M	É	L	E	V	E	S	I	T	K	O	F	U	S	W
K	K	R	X	L	F	A	I	C	O	C	J	O	S	A	V
M	R	R	J	D	B	N	K	T	N	H	A	K	Á	L	I
E	V	É	H	Z	Z	I	D	I	H	O	P	H	R	I	W
C	X	P	R	E	G	C	C	R	A	W	É	A	G	K	S
Z	I	A	E	P	P	V	S	U	L	E	R	G	A	O	Á
S	Ó	T	Ó	N	E	P	S	P	K	R	A	Y	B	M	R
W	A	R	R	Y	W	O	G	Z	V	O	G	M	A	T	P
G	K	O	G	O	F	A	H	É	J	E	R	A	R	L	A
N	F	T	J	N	M	F	P	I	Y	M	Á	Y	A	F	R
G	Y	Ü	M	Ö	L	C	S	L	É	Z	S	T	C	L	W
P	A	N	X	B	U	T	E	J	A	W	N	N	K	Z	Y
F	Ö	L	D	I	M	O	G	Y	O	R	Ó	Z	N	F	W

CUKOR
FOKHAGYMA
FÖLDIMOGYORÓ
TONHAL
TORTA
FAHÉJ
HAGYMA
SÁRGARÉPA
ÁRPA
SÁRGABARACK
SPENÓT
TEJ
CITROM
BAZSALIKOM
EPER
FEHÉRRÉPA
SÓ
SALÁTA
LEVES
GYÜMÖLCSLÉ

89 - Geometria

B	O	T	E	L	É	M	L	E	U	Z	C	H	Ő	E	H
J	W	P	E	J	O	E	J	L	Í	S	T	A	R	B	Z
L	M	L	A	L	M	G	S	R	V	Z	U	Ö	É	K	A
K	D	Ó	I	Z	N	E	M	I	D	H	I	C	M	C	K
C	Y	A	I	R	T	E	M	M	I	Z	S	D	T	E	I
P	N	U	O	L	K	A	Y	S	O	T	Z	O	Á	S	G
H	Á	R	O	M	S	Z	Ö	G	Z	C	S	S	H	Z	O
M	R	Ö	A	S	E	V	P	Y	E	Á	G	M	H	V	L
A	A	K	B	Z	T	F	S	U	K	H	M	K	V	J	J
G	Ö	Z	S	E	N	Á	I	D	E	M	I	Í	L	U	L
A	A	W	C	G	I	S	O	O	S	M	U	F	T	N	E
S	X	R	N	M	Z	P	A	E	G	H	F	G	Y	Á	B
S	U	U	C	E	S	E	G	E	L	Ő	G	G	Ü	F	S
Á	N	F	Z	N	Z	B	W	H	B	H	I	H	E	H	U
G	F	R	X	S	Í	P	Á	R	H	U	Z	A	M	O	S
I	O	E	J	L	V	F	E	L	Ü	L	E	T	X	G	Y

MAGASSÁG
SZÖG
SZÁMÍTÁS
KÖR
ÍV
ÁTMÉRŐ
DIMENZIÓ
EGYENLET
VÍZSZINTES
LOGIKA
TÖMEG
MEDIÁN
PÁRHUZAMOS
ARÁNY
SZEGMENS
SZIMMETRIA
FELÜLET
ELMÉLET
HÁROMSZÖG
FÜGGŐLEGES

90 - Pássaros

T	C	V	D	K	S	K	J	L	M	K	C	P	V	L	V
Z	S	S	C	R	G	B	G	R	T	R	A	N	C	C	A
B	I	T	U	K	Á	N	B	É	R	E	V	K	C	M	R
P	R	O	C	Y	U	I	L	T	M	F	Á	C	U	F	J
P	K	N	T	W	A	V	U	C	L	C	P	J	R	K	Ú
I	E	Z	G	M	B	S	X	G	J	P	Z	X	T	Y	K
N	M	U	D	W	V	A	K	L	X	R	L	J	S	L	J
G	G	L	I	B	A	S	C	A	K	G	G	F	W	X	C
V	A	C	X	Y	H	B	R	Y	P	W	K	X	H	G	H
I	L	L	F	V	N	Z	T	D	U	J	K	E	F	H	L
N	A	Y	L	Ó	G	Z	H	I	O	R	W	M	S	V	S
W	M	F	L	A	M	I	N	G	Ó	Ú	Y	T	T	A	H
A	B	F	O	Á	P	E	L	I	K	Á	N	O	J	B	A
T	I	E	T	R	R	N	L	I	X	B	L	J	S	V	C
W	F	C	F	M	J	I	Y	K	G	S	I	Á	O	F	Y
P	A	P	A	G	Á	J	S	E	K	T	Y	S	F	H	T

STRUCC
SAS
GÓLYA
HATTYÚ
VARJÚ
KAKUKK
FLAMINGÓ
CSIRKE
SIRÁLY
LIBA
GÉM
TOJÁS
PAPAGÁJ
VERÉB
KACSA
PÁVA
PELIKÁN
PINGVIN
GALAMB
TUKÁN

91 - Literatura

D	I	Y	R	R	J	B	R	Z	T	Z	V	K	I	F	P
F	J	N	S	Z	E	R	Z	Ő	É	B	E	Ö	N	S	W
G	V	É	L	E	M	É	N	Y	M	C	R	V	N	É	M
G	F	G	D	G	Í	O	I	Z	A	F	S	E	A	Z	P
C	F	E	Z	G	R	F	A	R	O	F	A	T	E	M	N
P	Á	R	B	E	S	Z	É	D	Z	C	L	K	U	E	A
É	A	F	G	U	S	K	Ö	L	T	Ő	I	E	E	L	R
M	L	N	D	Z	R	T	Y	U	Y	X	Z	Z	F	E	R
L	B	E	E	A	C	J	Í	N	S	U	M	T	I	R	Á
X	I	X	T	K	L	T	T	L	G	Z	M	E	K	P	T
X	H	P	L	R	D	J	M	E	U	P	B	T	C	R	O
A	N	X	G	W	A	O	S	R	T	S	N	É	I	J	R
L	E	Í	R	Á	S	J	T	B	G	F	I	S	Ó	J	R
U	H	F	T	E	S	Y	Z	A	I	D	É	G	A	R	T
E	G	S	B	G	F	A	N	A	L	Ó	G	I	A	M	D
V	D	S	L	D	A	H	J	O	C	S	P	H	C	L	D

ANALÓGIA
ELEMZÉS
ANEKDOTA
SZERZŐ
ÉLETRAJZ
KÖVETKEZTETÉS
LEÍRÁS
PÁRBESZÉD
STÍLUS
FIKCIÓ
METAFORA
NARRÁTOR
VÉLEMÉNY
VERS
KÖLTŐI
RÍM
RITMUS
REGÉNY
TÉMA
TRAGÉDIA

92 - Química

X	M	G	P	P	O	X	W	F	R	O	H	H	Z	W	N
W	D	F	G	C	O	W	G	O	U	W	K	E	M	I	É
S	L	Ú	G	O	S	B	N	L	E	E	N	O	I	V	G
E	Ó	R	C	U	I	K	L	Y	G	N	É	G	I	X	O
V	J	Z	L	Y	J	L	R	A	Á	O	Z	M	I	L	R
R	O	S	Ú	L	Y	Ó	O	D	Z	R	S	I	N	I	D
E	A	N	F	M	W	R	T	É	U	T	H	K	M	H	I
Z	I	G	Y	M	I	Z	Á	K	N	K	S	Ő	J	Z	H
S	K	W	E	C	V	K	Z	O	U	E	Z	G	W	A	G
N	U	K	L	E	Á	R	I	S	I	L	U	X	U	H	M
J	V	E	C	I	S	A	L	U	K	E	L	O	M	W	M
A	Y	M	S	J	A	E	A	J	K	C	Y	M	X	V	J
C	E	E	S	A	V	P	T	F	L	X	T	D	R	A	H
C	X	L	T	I	C	Z	A	D	C	O	L	Z	L	B	D
U	D	E	K	T	E	L	K	É	S	R	É	M	Ő	H	F
J	C	W	A	H	V	T	N	C	H	T	M	O	D	D	V

LÚGOS
SAV
HŐ
SZÉN
KATALIZÁTOR
KLÓR
ELEMEK
ELEKTRON
ENZIM
GÁZ
HIDROGÉN
ION
FOLYADÉK
MOLEKULA
NUKLEÁRIS
SZERVES
OXIGÉN
SÚLY
SÓ
HŐMÉRSÉKLET

93 - Clima

H	F	O	R	A	F	X	H	O	U	S	D	V	M	G	H
X	H	M	I	X	C	J	N	F	D	T	A	A	W	V	Ő
J	T	L	M	P	T	G	S	O	E	L	F	I	G	Z	M
É	H	R	Y	K	J	I	M	J	Y	L	Á	Z	S	A	É
G	É	S	P	N	Á	K	I	R	R	U	H	Z	I	R	R
I	L	Z	É	G	H	A	J	L	A	T	L	Ő	R	Á	S
M	X	E	J	W	I	W	Y	T	M	X	Z	J	Á	Z	É
Y	U	L	É	Z	S	P	N	E	O	E	T	Y	L	S	K
X	A	L	T	L	X	Y	Á	X	T	R	H	M	O	V	L
N	G	Ő	J	A	S	R	V	L	O	R	N	J	P	P	E
M	E	N	N	Y	D	Ö	R	G	É	S	Ó	Á	Z	O	T
Y	U	E	M	V	O	K	Á	W	S	G	M	P	D	S	L
N	C	U	L	T	I	G	V	I	H	A	R	J	U	Ó	O
P	V	U	N	L	B	É	I	Y	W	Y	L	P	J	S	R
R	J	C	X	G	B	L	Z	M	O	N	S	Z	U	N	I
A	V	I	L	L	Á	M	S	W	K	Ö	D	P	T	O	U

SZIVÁRVÁNY
LÉGKÖR
SZELLŐ
ÉG
ÉGHAJLAT
HURRIKÁN
JÉG
MONSZUN
KÖD
FELHŐ

POLÁRIS
VILLÁM
ASZÁLY
SZÁRAZ
HŐMÉRSÉKLET
VIHAR
TORNÁDÓ
TRÓPUSI
MENNYDÖRGÉS
SZÉL

94 - Diplomacia

H	U	M	A	N	I	T	Á	R	I	U	S	P	D	T	S
F	E	L	B	O	N	T	Á	S	P	K	T	O	I	C	E
K	I	N	T	E	G	R	I	T	Á	S	B	L	P	K	G
V	O	S	Z	E	R	Z	Ő	D	É	S	G	I	L	U	Y
O	I	R	K	X	J	V	K	M	Ó	G	É	T	O	S	Ü
A	S	T	M	M	E	G	O	L	D	Á	S	I	M	H	T
K	U	V	A	Á	J	X	R	X	A	S	T	K	Á	L	T
E	T	I	K	A	N	T	Á	A	S	S	E	A	C	N	M
P	K	C	E	T	N	Y	G	I	C	O	V	K	I	A	Ű
F	I	L	V	T	F	V	L	C	Á	G	Ö	X	A	G	K
R	L	K	L	H	J	V	O	W	N	Á	K	E	I	Y	Ö
E	F	B	E	N	W	L	P	O	A	S	Y	N	X	K	D
O	N	E	Y	G	J	V	A	Y	T	Z	G	S	K	Ö	É
J	O	M	N	W	E	E	V	R	K	A	A	U	J	V	S
L	K	K	Ö	Z	Ö	S	S	É	G	G	N	X	V	E	S
B	B	I	Z	T	O	N	S	Á	G	I	J	X	R	T	C

POLGÁROK
KÖZÖSSÉG
KONFLIKTUS
TANÁCSADÓ
EGYÜTTMŰKÖDÉS
DIPLOMÁCIAI
VITA
NAGYKÖVETSÉG
NAGYKÖVET
ETIKA

KORMÁNY
HUMANITÁRIUS
INTEGRITÁS
IGAZSÁGOSSÁG
NYELVEK
POLITIKA
FELBONTÁS
BIZTONSÁG
MEGOLDÁS
SZERZŐDÉS

95 - Comida # 2

B	J	A	B	Y	P	S	A	J	W	N	X	T	Y	R	P
R	Ő	B	Y	W	A	M	L	A	Z	T	N	O	W	I	A
O	L	G	Z	F	D	F	A	D	T	A	O	T	É	Z	R
K	Ő	K	S	C	L	C	S	I	R	K	E	J	D	S	A
K	Z	S	U	I	I	A	X	O	U	Ó	K	H	Á	L	D
O	S	A	B	C	Z	B	H	K	H	S	S	D	L	S	I
L	Z	O	R	K	S	M	N	F	G	C	M	M	O	Z	C
I	Y	R	N	Y	Á	O	X	R	O	I	A	B	K	L	S
M	R	S	P	K	N	G	I	P	J	T	N	X	O	K	O
T	C	S	V	E	A	M	T	U	L	R	D	B	S	I	M
X	I	K	G	V	G	T	J	L	B	A	U	Ú	C	V	S
X	E	T	I	Y	T	B	A	N	Á	N	L	Z	S	I	M
W	M	E	C	N	J	F	S	B	A	U	A	A	F	V	D
T	L	C	C	S	E	R	E	S	Z	N	Y	E	Z	D	D
N	O	P	G	D	I	K	A	M	X	H	P	S	B	O	P
C	H	P	Y	R	R	S	D	K	D	O	R	X	I	R	F

ARTICSÓKA
MANDULA
RIZS
BANÁN
PADLIZSÁN
BROKKOLI
CSERESZNYE
CSOKOLÁDÉ
GOMBA
CSIRKE
JOGHURT
KIVI
ALMA
TOJÁS
HAL
SONKA
SAJT
PARADICSOM
BÚZA
SZŐLŐ

96 - Universo

U	L	Á	C	C	S	I	L	L	A	G	Á	S	Z	A	T
R	Á	L	Ő	S	C	V	Á	T	R	É	G	I	B	J	G
T	T	L	M	D	I	P	I	C	B	P	Y	X	G	X	B
B	H	A	H	L	G	L	P	Á	L	Y	A	A	E	J	P
C	A	T	Y	O	J	O	L	I	A	V	J	L	C	U	V
S	T	Ö	X	H	R	O	T	A	T	R	U	A	I	P	P
Z	Ó	V	X	K	Ö	I	D	Z	G	Y	L	G	N	Z	G
É	X	E	A	Ő	K	S	Z	Y	E	Á	U	V	A	V	X
L	É	U	Z	T	G	S	L	O	B	L	S	O	P	A	N
E	I	G	A	Í	É	S	X	P	N	X	F	Z	F	L	M
S	I	I	I	L	L	I	N	Z	O	T	W	D	O	D	Z
S	I	F	O	N	K	O	Z	M	I	K	U	S	R	L	V
É	U	M	X	E	K	E	T	L	É	F	Z	F	D	K	S
G	G	K	B	Y	D	N	S	P	Z	K	H	H	U	F	L
A	L	X	I	G	Á	S	Ú	Z	S	S	O	H	L	K	C
A	S	Z	T	E	R	O	I	D	A	R	U	G	Ó	Y	F

ASZTEROIDA
CSILLAGÁSZAT
CSILLAGÁSZ
LÉGKÖR
ÉGI
ÉG
KOZMIKUS
EGYENLÍTŐ
GALAXIS
FÉLTEKE
HORIZONT
SZÉLESSÉG
HOSSZÚSÁG
HOLD
PÁLYA
NAP
NAPFORDULÓ
TÁVCSŐ
LÁTHATÓ
ÁLLATÖV

97 - Jazz

T	E	C	R	T	F	K	V	T	B	K	E	N	X	Ö	D
M	Ű	V	É	S	Z	O	S	T	L	A	Z	E	S	S	Y
Y	Y	G	M	O	R	N	T	E	N	E	Z	T	T	S	Ó
R	A	T	H	I	U	C	K	C	R	U	L	Z	Í	Z	I
B	M	E	P	C	U	E	R	H	L	Í	A	T	L	E	C
L	S	H	P	W	R	R	T	N	N	F	H	N	U	T	Á
U	R	E	O	O	F	T	W	I	W	F	L	Z	S	É	Z
Y	É	T	O	K	E	E	V	K	K	L	Y	L	H	T	I
M	G	S	U	M	T	I	R	A	K	E	N	E	Z	E	V
O	I	É	H	F	U	O	B	D	H	A	E	C	S	L	O
T	W	G	W	U	B	B	W	M	P	O	S	U	R	D	R
F	C	N	S	B	D	Y	L	Ú	S	G	N	A	H	B	P
D	O	B	O	K	A	Y	B	A	K	Ú	J	A	F	Ű	M
K	F	V	Z	E	N	E	S	Z	E	R	Z	Ő	N	Y	I
Y	K	A	H	A	V	V	E	N	G	D	A	L	J	F	S
K	E	D	V	E	N	C	E	K	U	V	F	N	E	F	Y

MŰVÉSZ
ALBUM
DOBOK
DAL
ÖSSZETÉTEL
ZENESZERZŐ
KONCERT
STÍLUS
HANGSÚLY
HÍRES
KEDVENCEK
MŰFAJ
IMPROVIZÁCIÓ
ZENE
ÚJ
ZENEKAR
RITMUS
TEHETSÉG
TECHNIKA
RÉGI

98 - Barcos

Ó	C	E	Á	N	S	B	P	T	U	S	U	A	S	L	T
Z	O	T	U	T	A	J	Ó	A	B	R	F	V	Y	D	F
R	B	H	C	V	U	E	V	J	T	J	M	J	I	C	F
O	R	C	L	S	F	D	W	Z	A	K	O	X	B	A	D
T	Á	A	Y	L	Á	G	A	D	B	E	P	X	J	U	T
O	E	J	N	I	R	P	W	C	H	N	B	E	M	M	U
M	U	N	O	Z	C	M	D	B	V	U	K	U	S	W	L
U	Z	A	G	B	F	O	L	Y	Ó	K	Ö	T	É	L	E
K	E	M	R	E	I	K	E	J	N	M	D	G	G	W	D
O	A	H	O	T	R	E	G	N	E	T	G	E	I	D	O
M	I	J	H	Ó	E	É	L	L	F	P	Y	J	X	O	K
Á	Y	E	A	R	G	É	S	Y	N	É	G	E	L	X	K
L	P	Z	U	K	N	A	O	Z	C	O	O	G	L	O	Z
L	O	G	A	F	E	R	F	B	B	N	Y	S	F	H	I
U	B	M	I	M	T	R	V	U	F	X	O	E	K	Z	A
H	J	E	K	W	X	G	H	U	Y	E	S	P	S	H	O

HORGONY
KOMP
BÓJA
KAJAK
KENU
KÖTÉL
DOKK
JACHT
TUTAJ
TÓ
TENGER
DAGÁLY
TENGERÉSZ
ÁRBOC
MOTOR
TENGERI
ÓCEÁN
HULLÁMOK
FOLYÓ
LEGÉNYSÉG

99 - Mamíferos

W	W	Z	N	B	C	H	G	O	L	C	B	P	L	K	T
N	B	O	Z	M	Y	Y	G	I	Ú	Z	A	Á	W	I	U
I	X	O	S	O	A	K	U	T	Y	A	H	T	L	H	F
F	E	T	I	L	R	C	K	E	N	G	U	R	U	N	J
L	Ó	E	R	B	L	O	S	T	C	H	J	H	M	Z	A
E	A	V	Á	C	P	B	S	K	Z	E	B	R	A	S	K
D	A	E	F	Y	Y	I	A	Z	A	Y	I	J	O	H	Ó
W	A	T	K	G	U	B	K	C	L	J	F	Z	O	Ó	R
W	M	P	D	N	C	H	R	W	L	Á	T	U	T	D	U
C	H	H	R	A	B	N	A	K	I	B	N	L	H	X	W
B	N	W	R	M	O	A	F	W	R	B	Á	J	B	E	G
K	F	I	S	L	B	O	B	X	O	C	F	R	A	L	I
G	D	A	Y	X	D	T	A	N	G	D	E	J	S	F	A
P	R	É	R	I	F	A	R	K	A	S	L	X	Y	Y	O
Z	M	G	M	A	J	O	M	L	I	X	E	T	B	Y	K
U	C	Z	X	L	G	N	Y	M	R	U	G	S	H	J	H

BÁLNA
TEVE
KENGURU
HÓD
LÓ
KUTYA
NYÚL
PRÉRIFARKAS
ELEFÁNT
MACSKA
ZSIRÁF
DELFIN
GORILLA
OROSZLÁN
FARKAS
MAJOM
JUH
RÓKA
BIKA
ZEBRA

100 - Atividades e Lazer

F	C	X	F	T	Ú	R	Á	Z	Á	S	E	Z	W	K	N
M	L	S	S	E	Z	M	I	G	G	N	I	P	M	E	K
Ú	S	Z	Á	S	S	I	Ű	S	B	Y	C	Z	O	R	P
M	J	B	S	J	K	T	V	V	O	N	G	Z	S	T	I
F	E	M	J	P	O	A	M	I	É	X	H	S	G	É	H
B	U	J	R	T	B	Y	Z	É	V	S	N	I	E	S	E
Ú	R	T	I	M	X	W	S	B	N	B	Z	N	A	Z	N
V	Ö	A	B	H	N	O	J	P	R	Y	Y	E	W	K	T
Á	P	Z	B	A	V	E	R	S	E	N	Y	T	T	E	E
R	L	S	O	E	L	U	T	A	Z	Á	S	I	Y	D	T
K	A	Á	H	U	O	L	L	A	B	E	S	A	B	É	Ő
O	B	L	X	U	F	S	É	Z	Ö	F	R	Ö	Z	S	U
D	D	A	H	G	B	G	G	A	S	N	A	T	I	S	G
Á	A	H	W	Y	Z	N	O	M	L	Y	Y	F	A	R	W
S	D	M	N	R	K	I	E	G	O	L	F	V	L	Z	W
K	O	S	Á	R	L	A	B	D	A	N	M	J	R	A	F

KEMPING
MŰVÉSZET
KOSÁRLABDA
BASEBALL
BOKSZ
TÚRÁZÁS
VERSENY
FUTBALL
GOLF
HOBBI
KERTÉSZKEDÉS
BÚVÁRKODÁS
ÚSZÁS
HALÁSZAT
FESTMÉNY
PIHENTETŐ
SZÖRFÖZÉS
TENISZ
UTAZÁS
RÖPLABDA

1 - Dirigindo

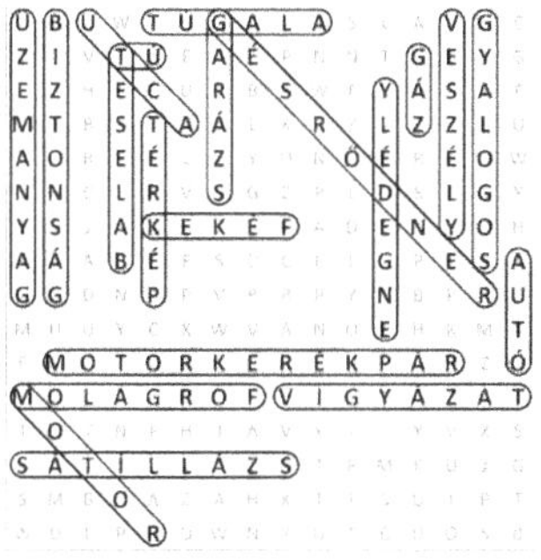

2 - Antiguidades

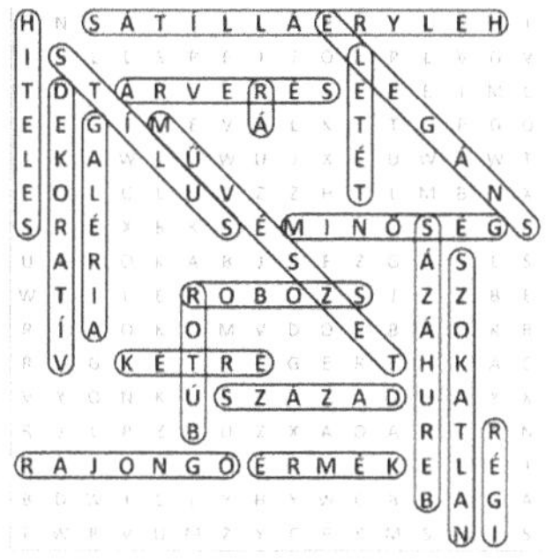

3 - Churrascos

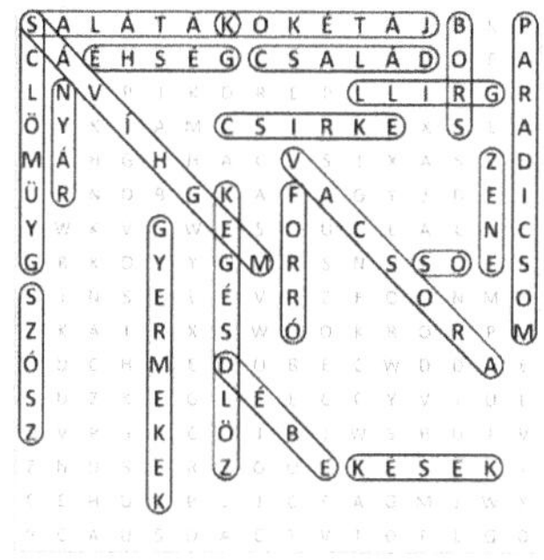

4 - Pesca

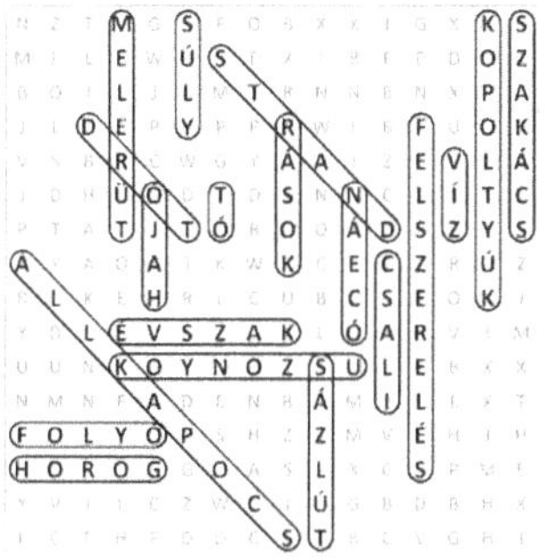

5 - Geologia

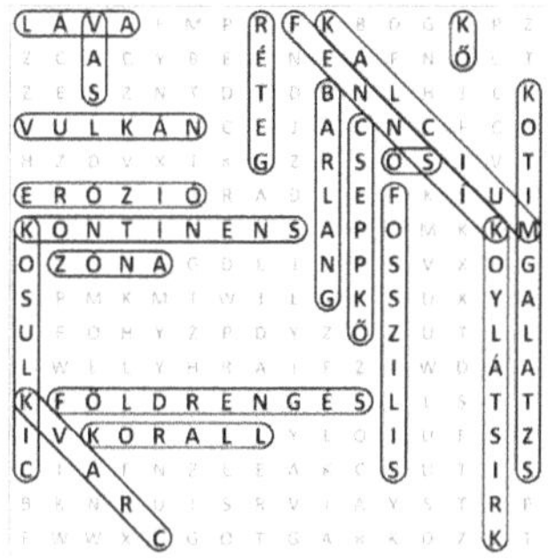

6 - Ética

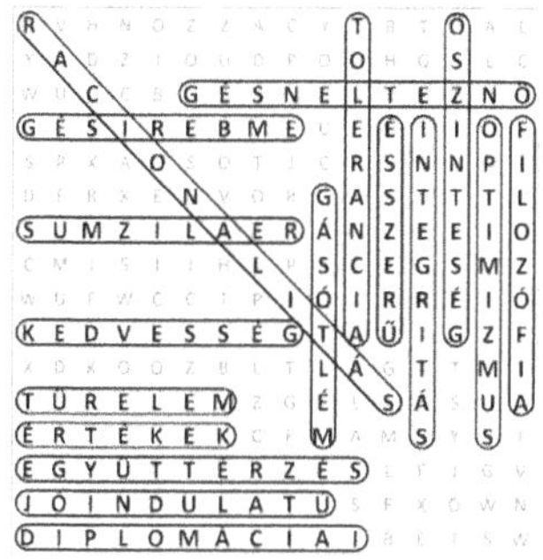

7 - Tempo

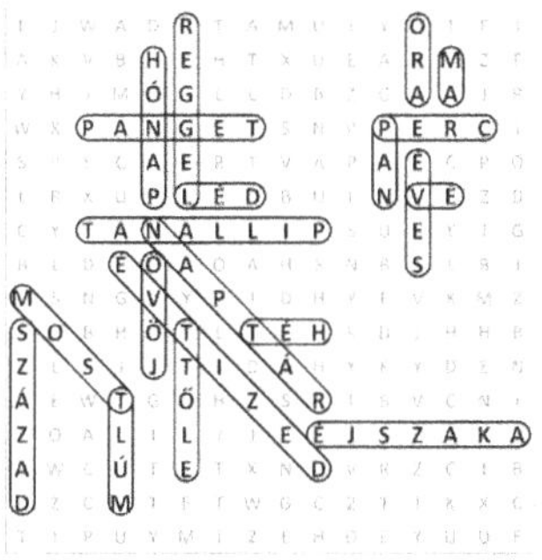

8 - Astronomia

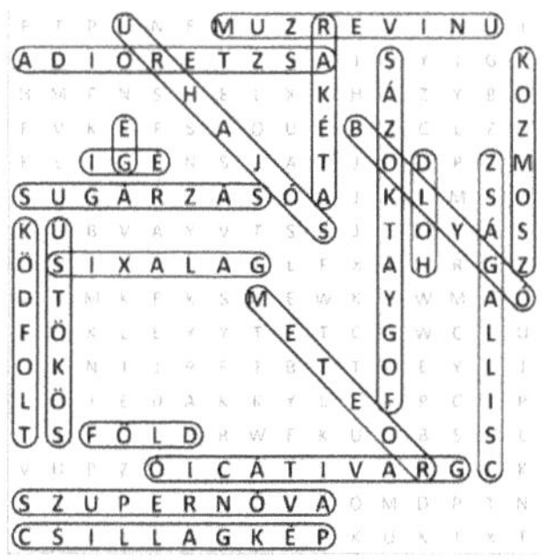

9 - Acampamento

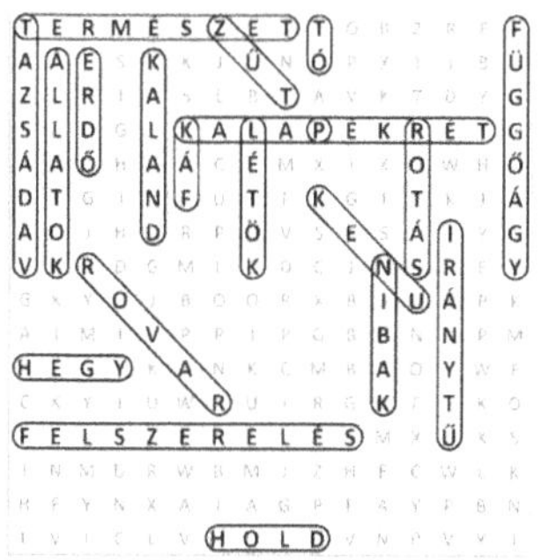

10 - Ficção Científica

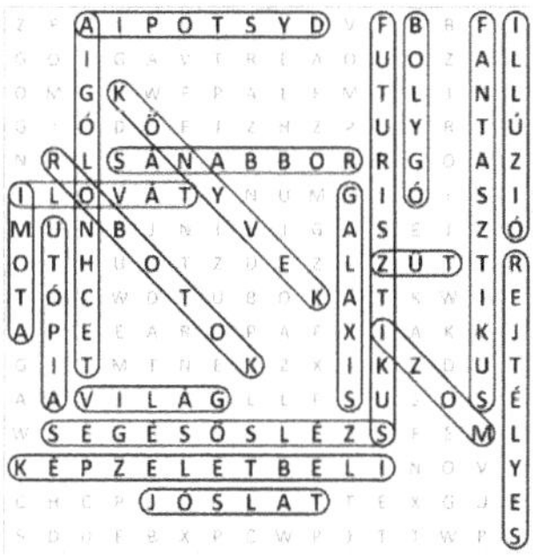

11 - Mitologia

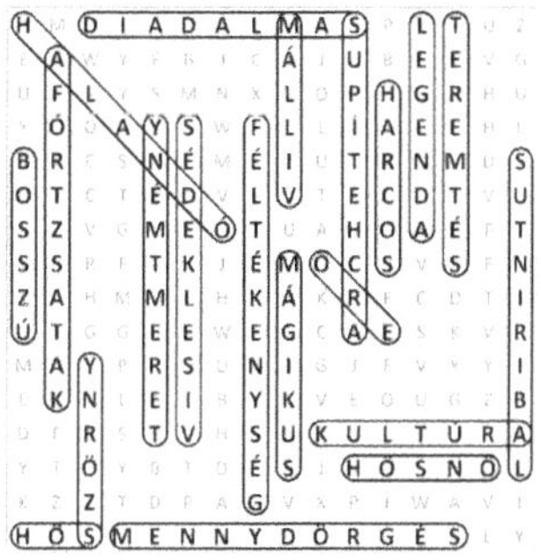

12 - Medições

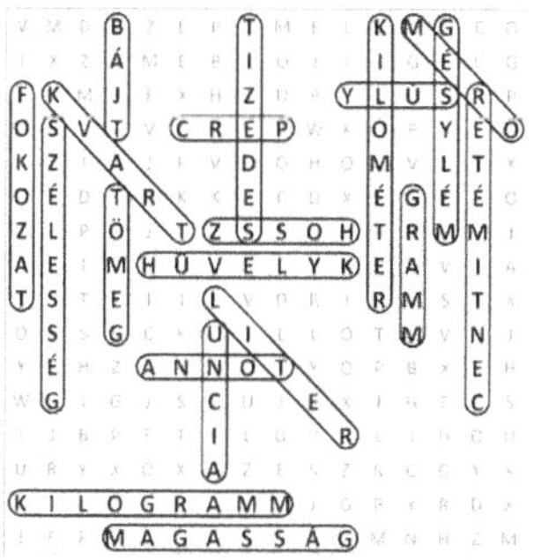

13 - Álgebra

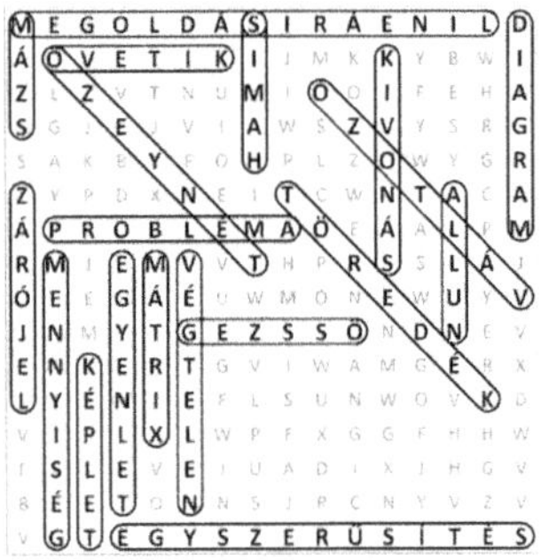

14 - Plantas

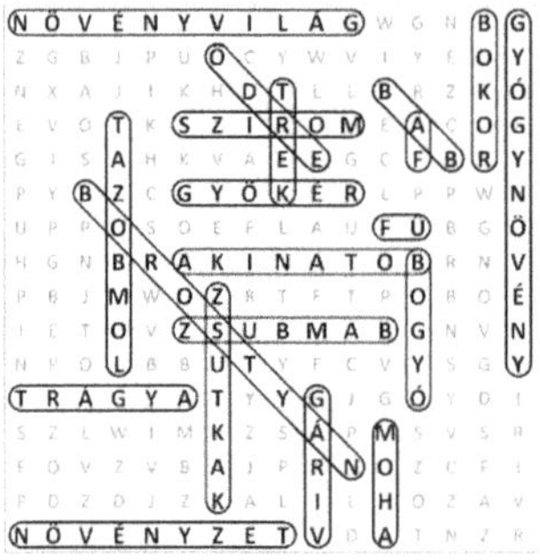

15 - Engenharia

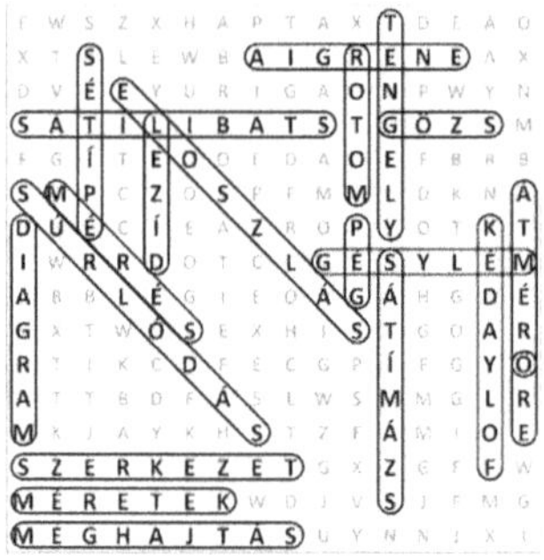

16 - Restaurante # 2

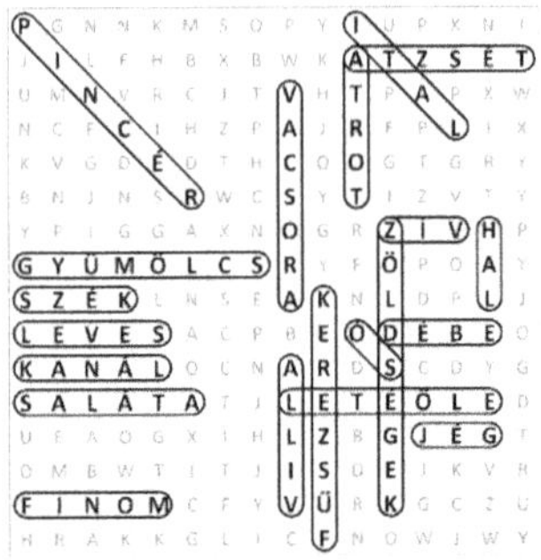

17 - Países #2

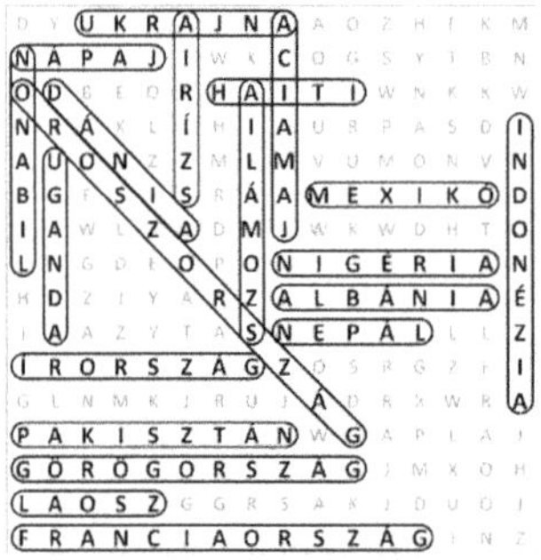

18 - Cozinha

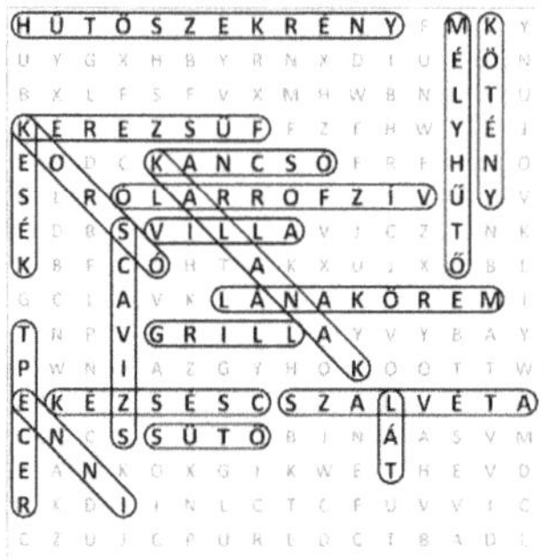

19 - Material de Arte

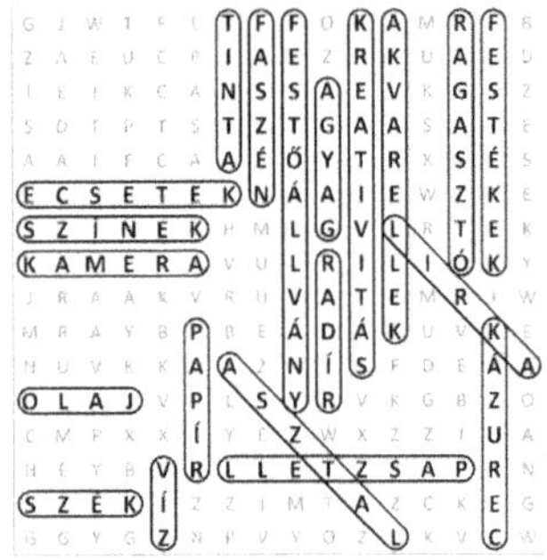

20 - Números

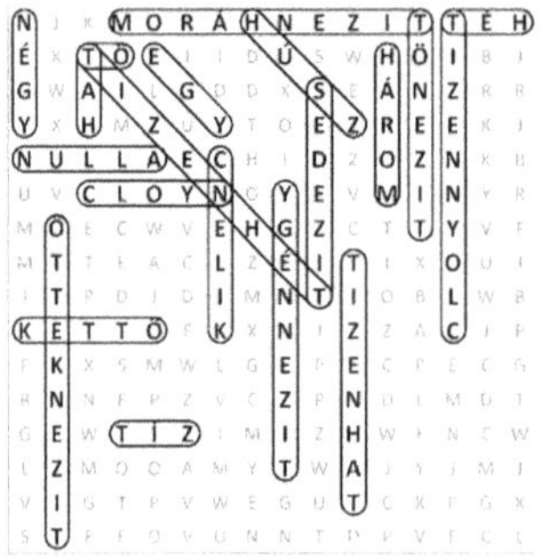

21 - Física

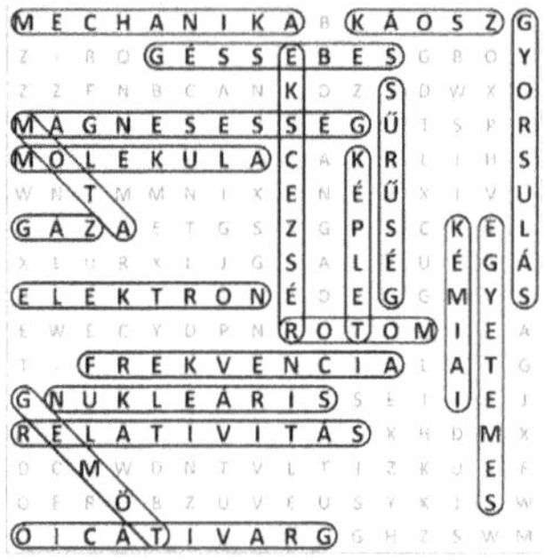

22 - Especiarias

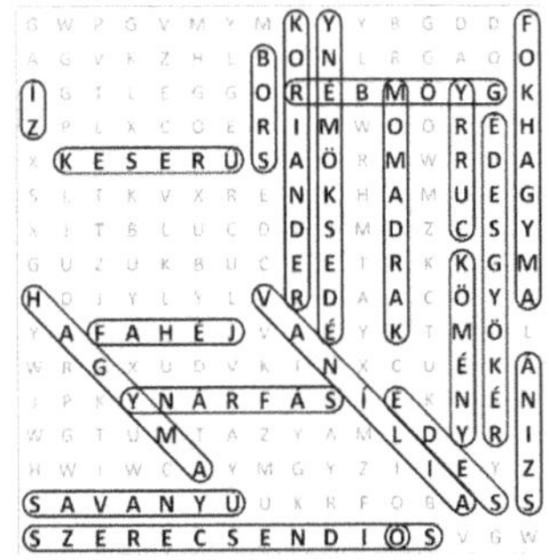

23 - Países #1

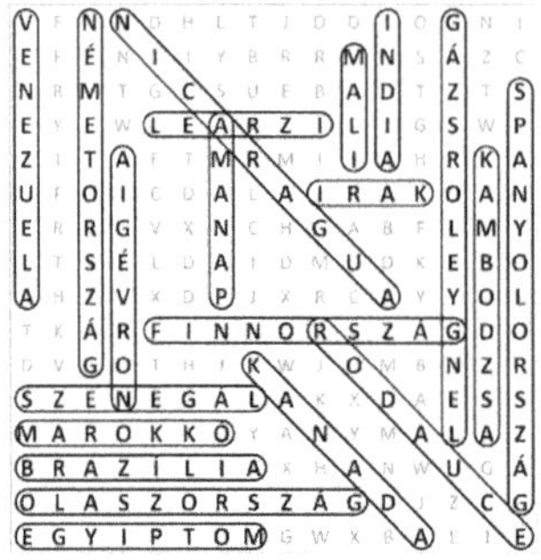

24 - A Mídia

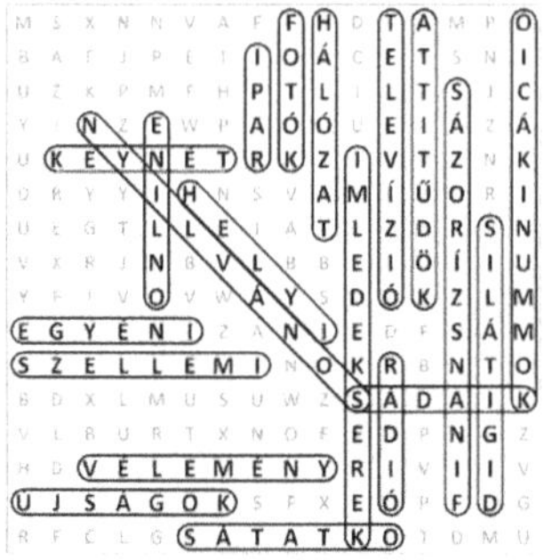

25 - Casa

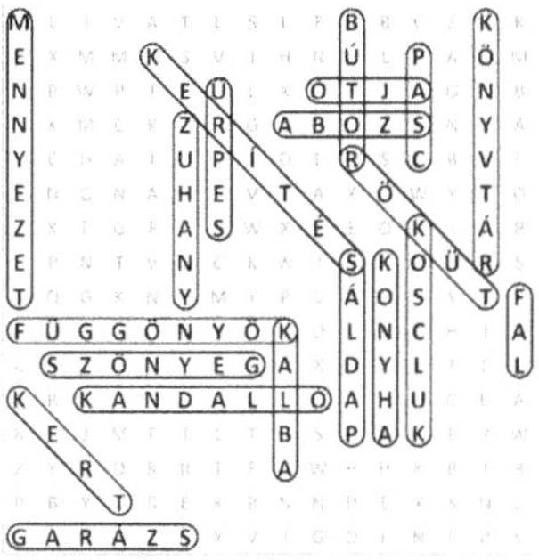

26 - Vegetais

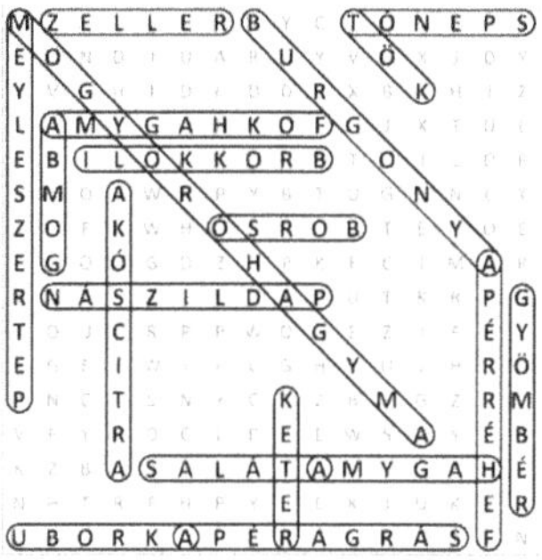

27 - Balé

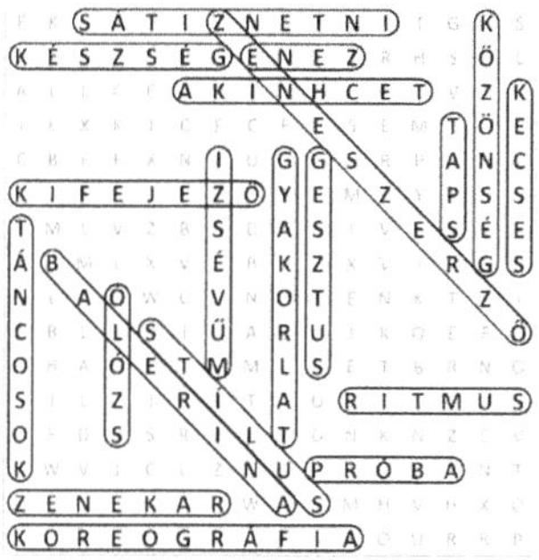

28 - Adjetivos #1

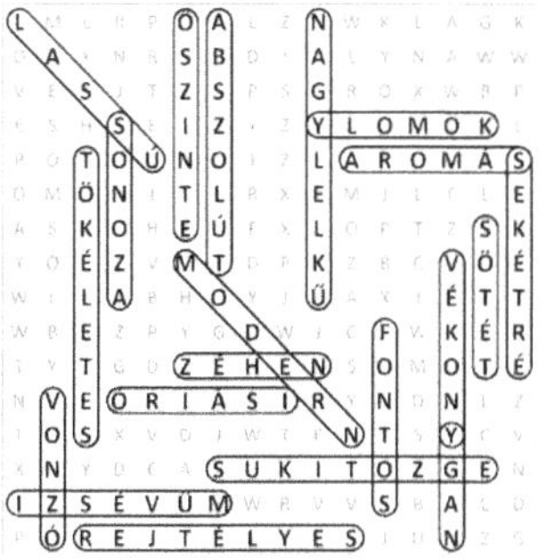

29 - Psicologia

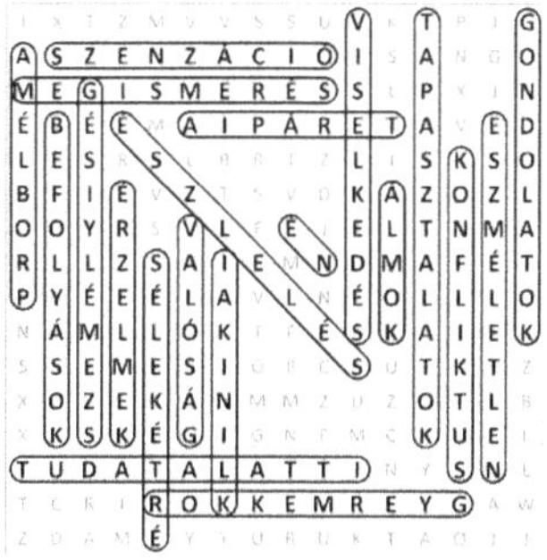

30 - Paisagens

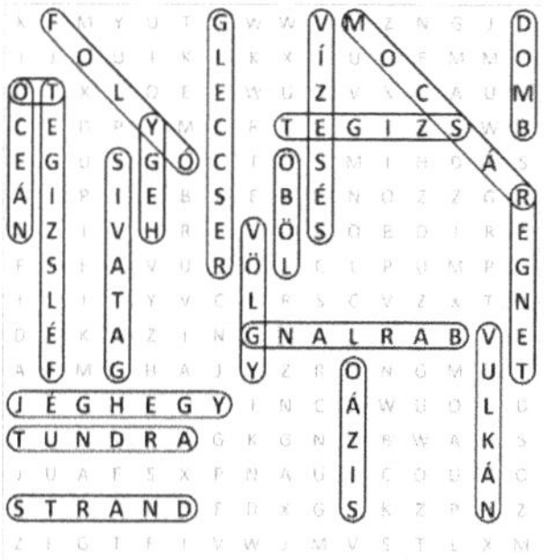

31 - Dança

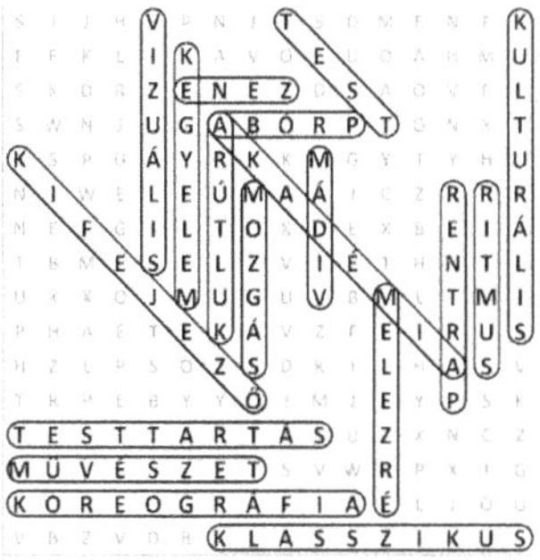

32 - Nutrição

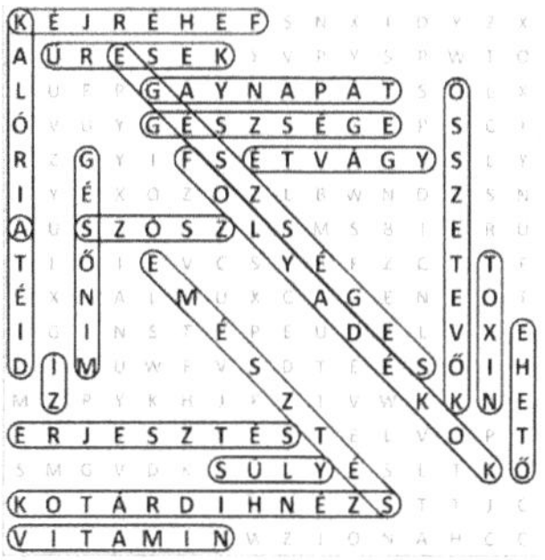

33 - Energia

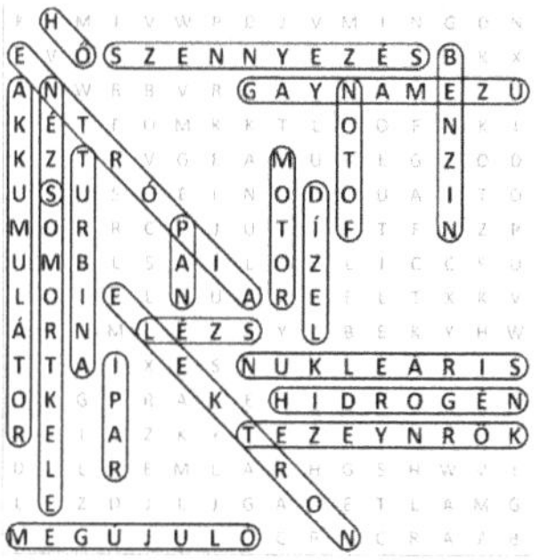

34 - Disciplinas Científicas

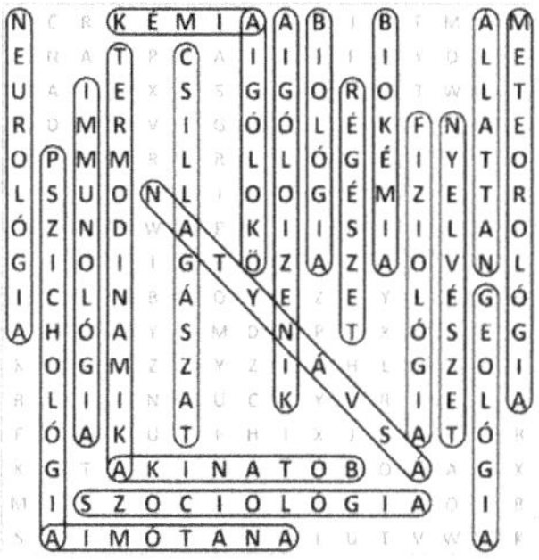

35 - Meditação

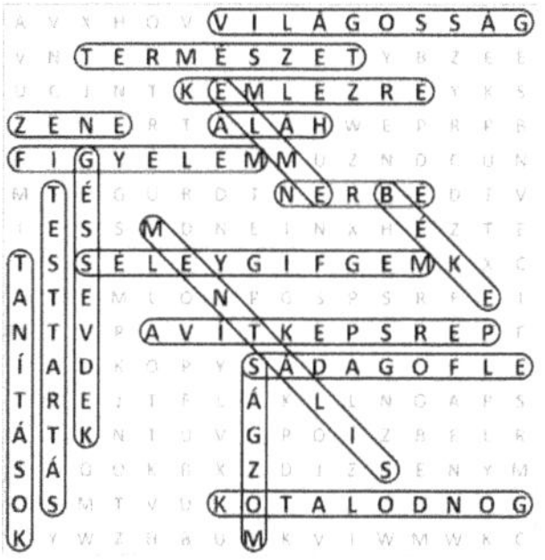

36 - Artes Visuais

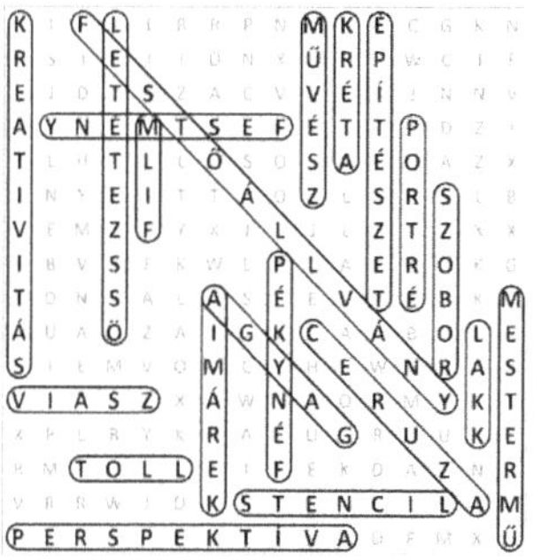

37 - Moda

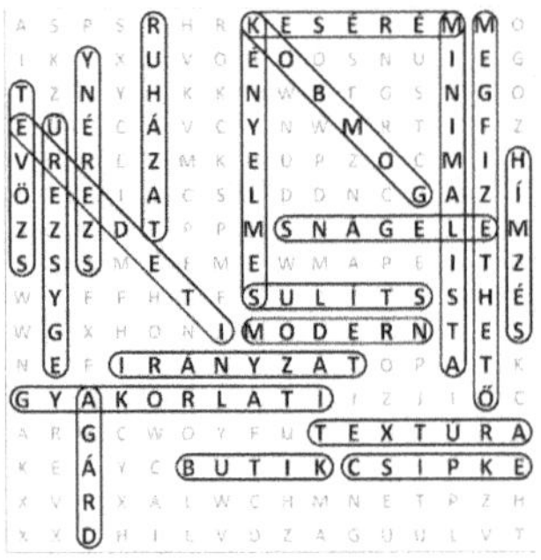

38 - Instrumentos Musicais

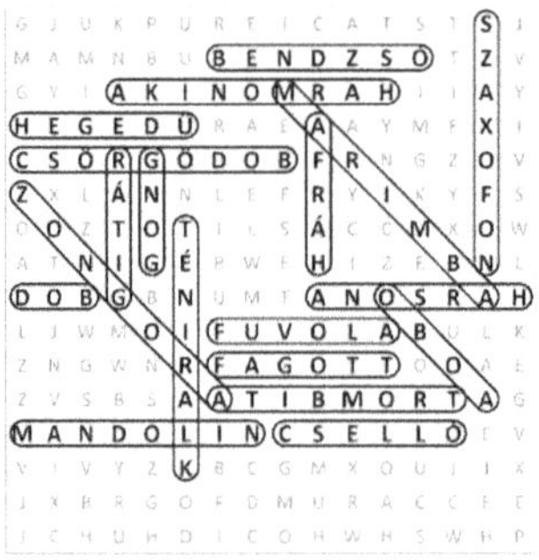

39 - Adjetivos #2

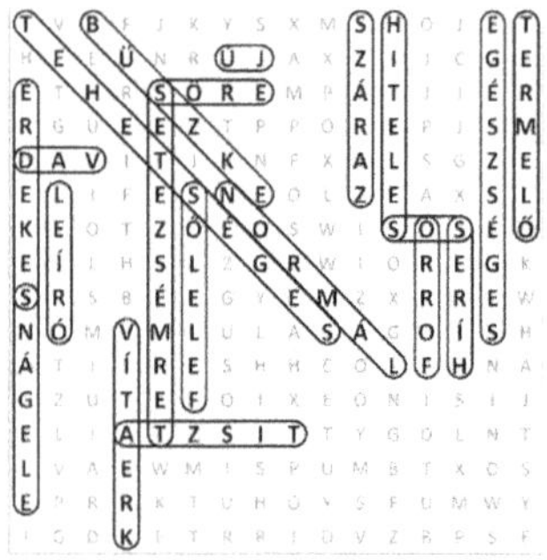

40 - Roupas

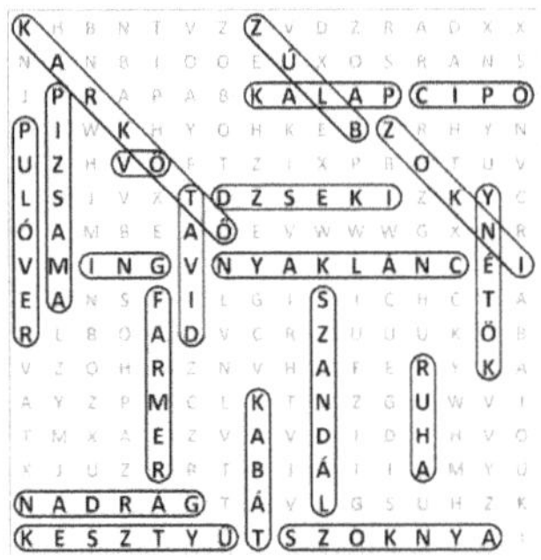

41 - Herbalismo

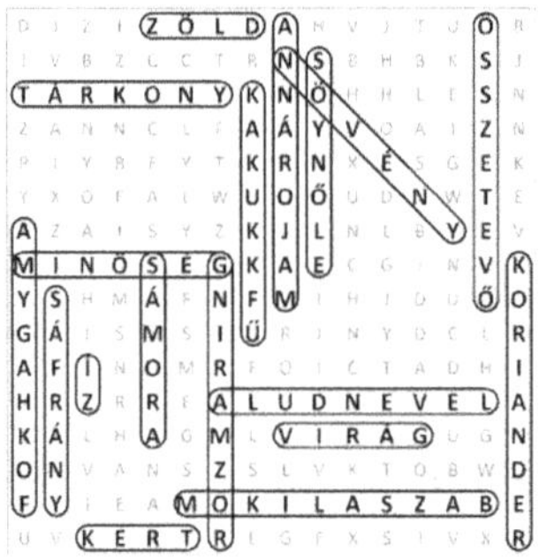

42 - Arqueologia

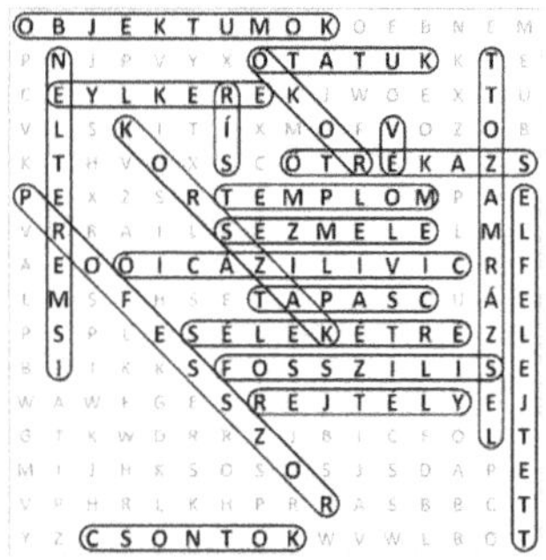

43 - Esporte

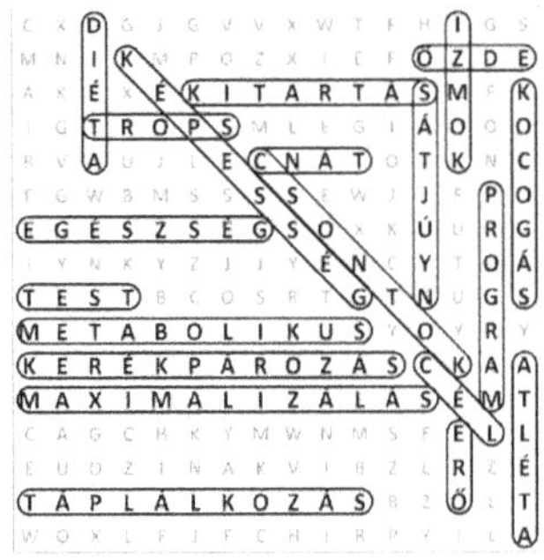

44 - Agronomia

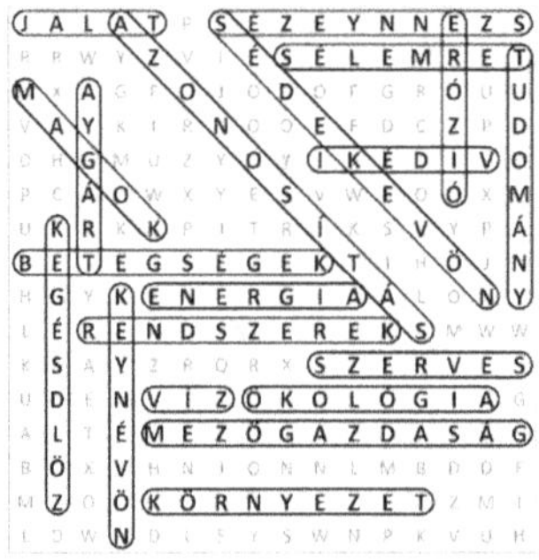

45 - Frutas

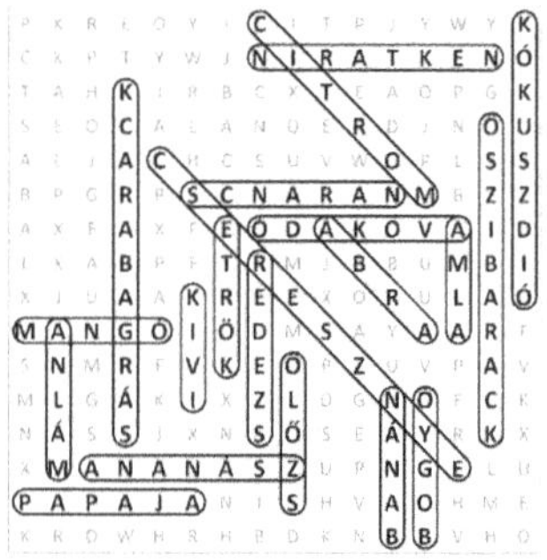

46 - Corpo Humano

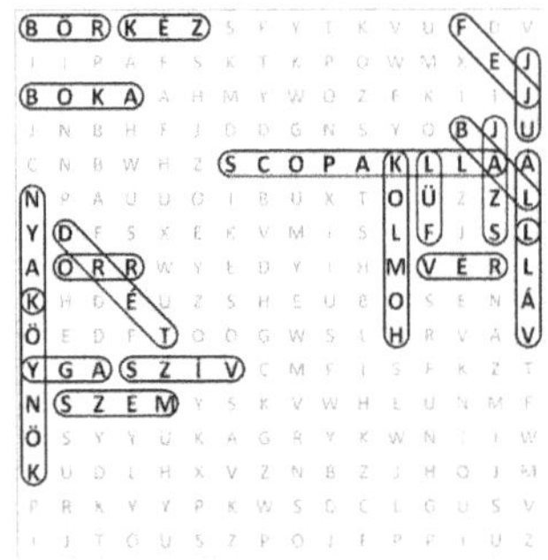

47 - Caminhada

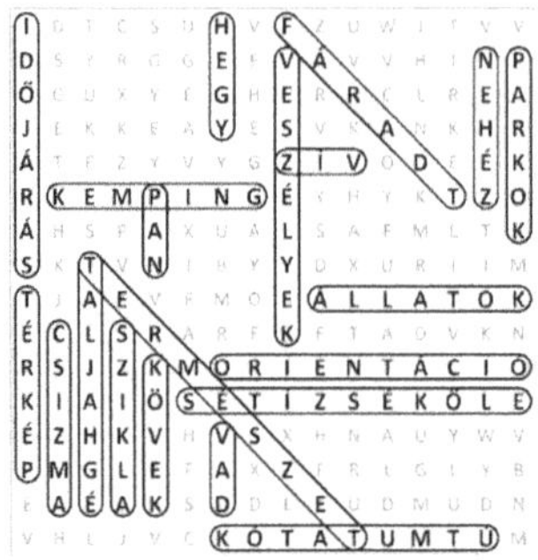

48 - Biologia

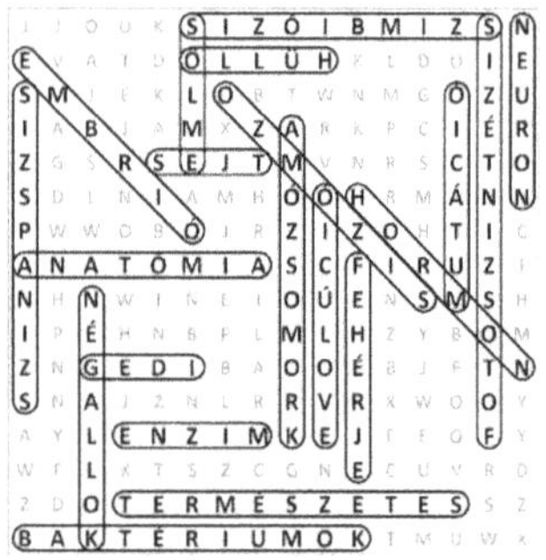

49 - Beleza

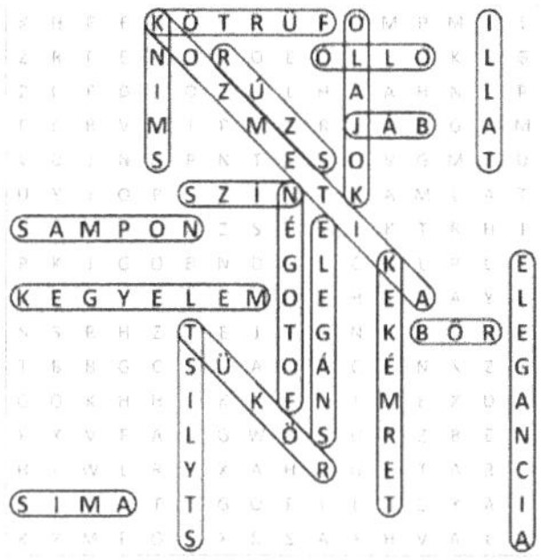

50 - Filantropia

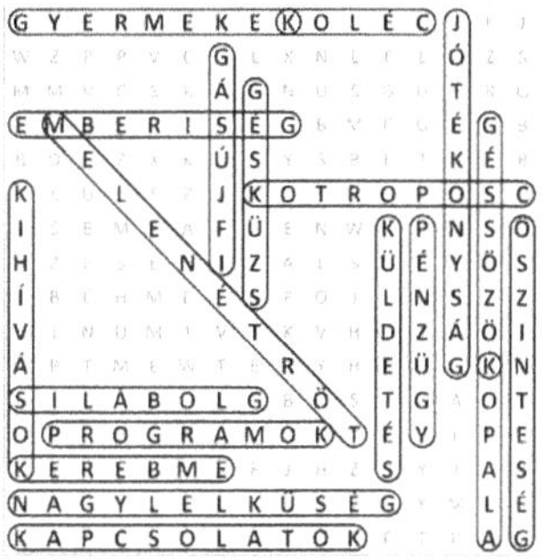

51 - Ecologia

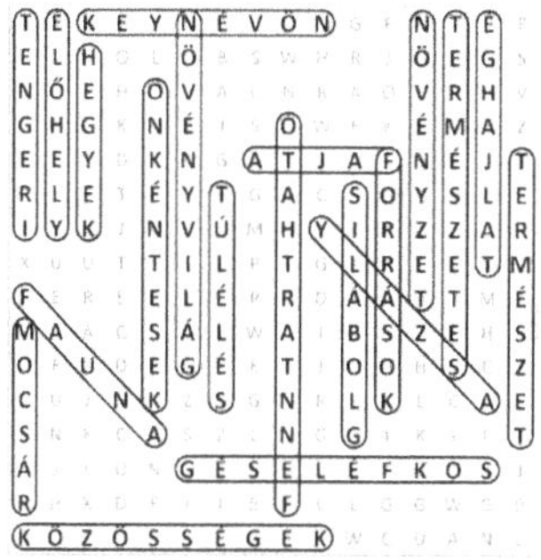

52 - Família

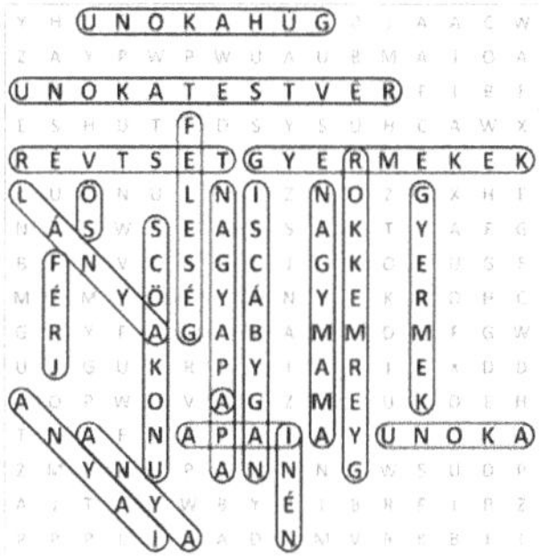

53 - Férias #2

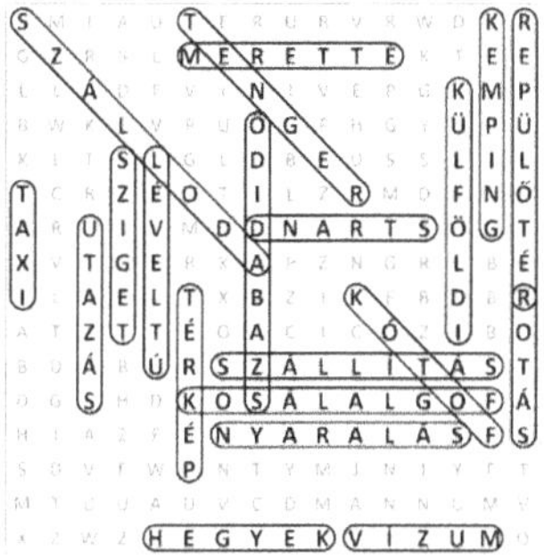

54 - Edifícios

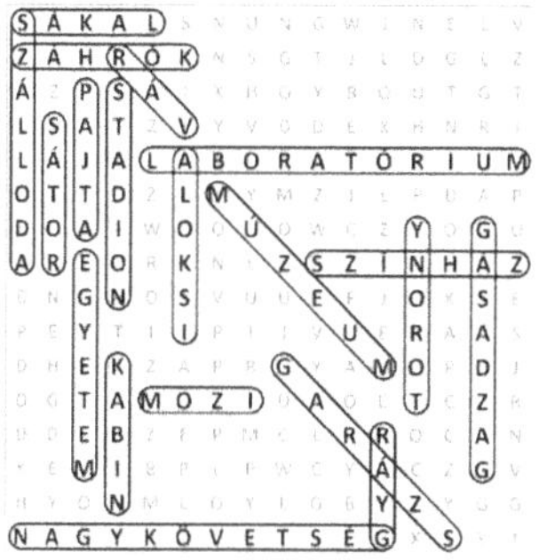

55 - Xadrez

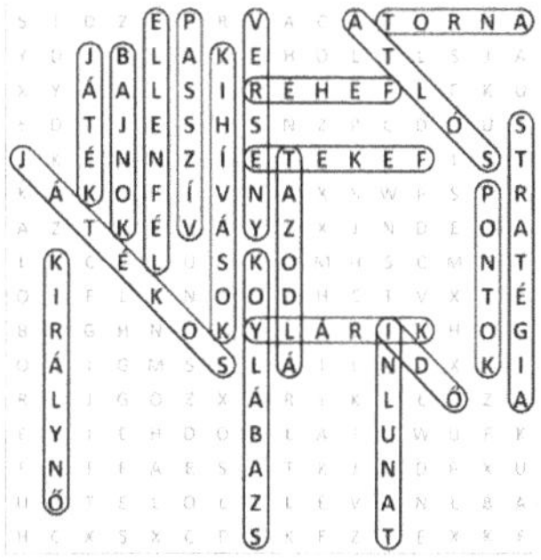

56 - Aventura

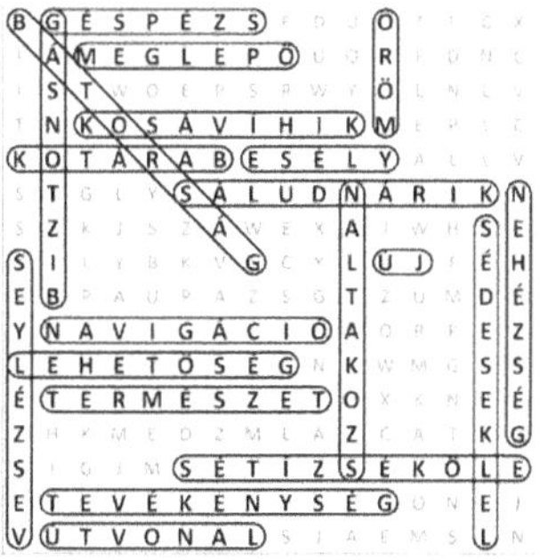

57 - Floresta Tropical

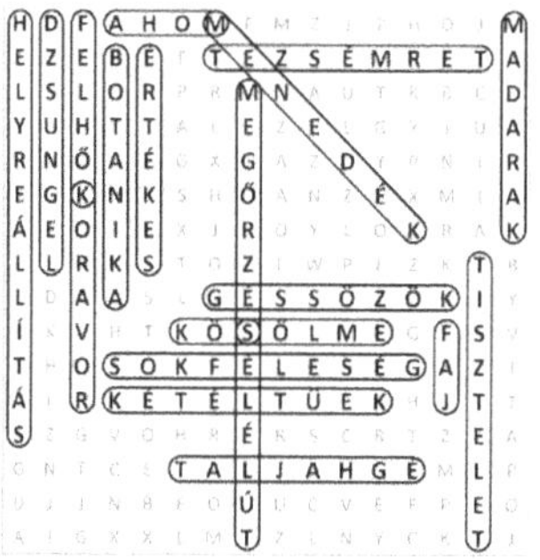

58 - Cidade

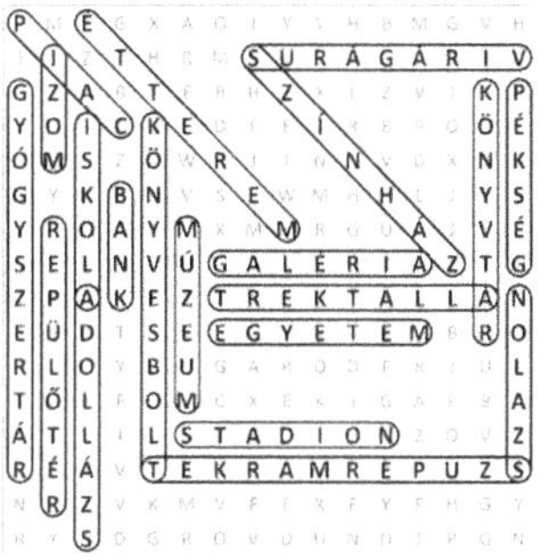

59 - Música

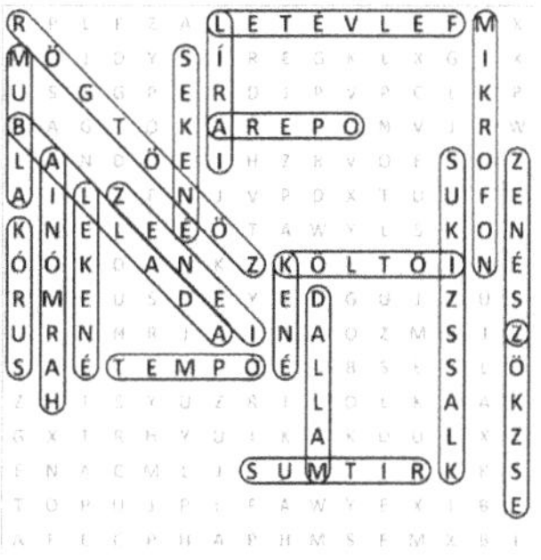

60 - Matemática

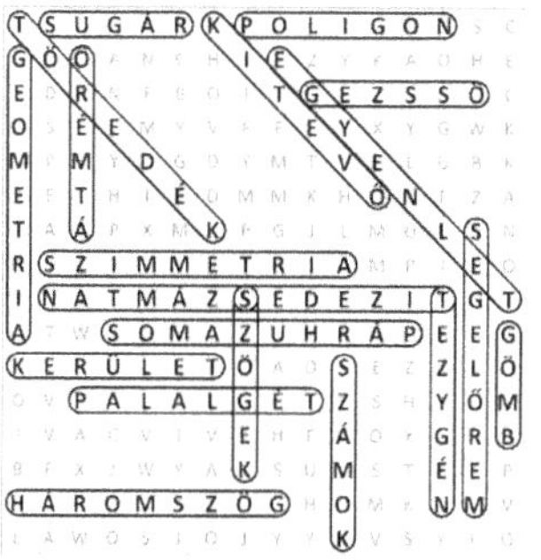

61 - Saúde e Bem Estar #1

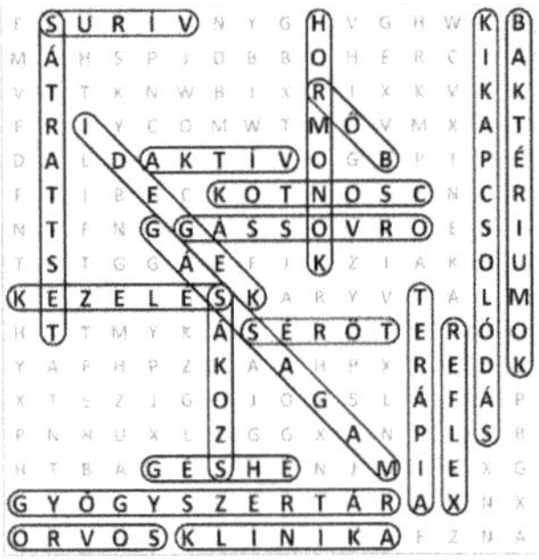

62 - Imigração

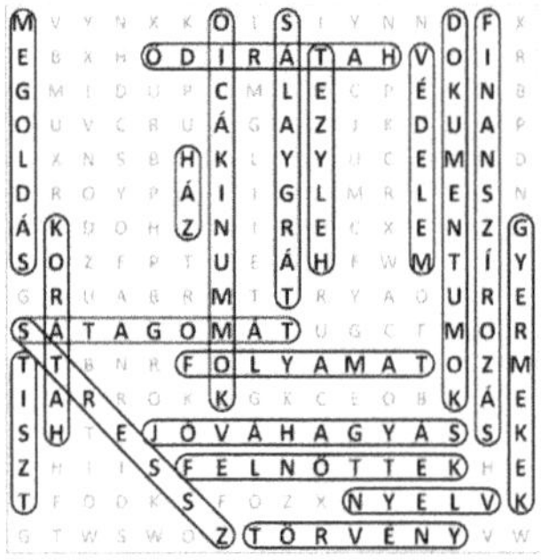

63 - Natureza

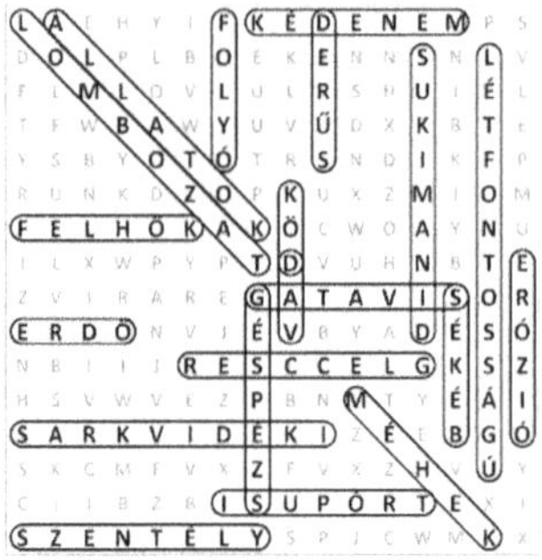

64 - Doença

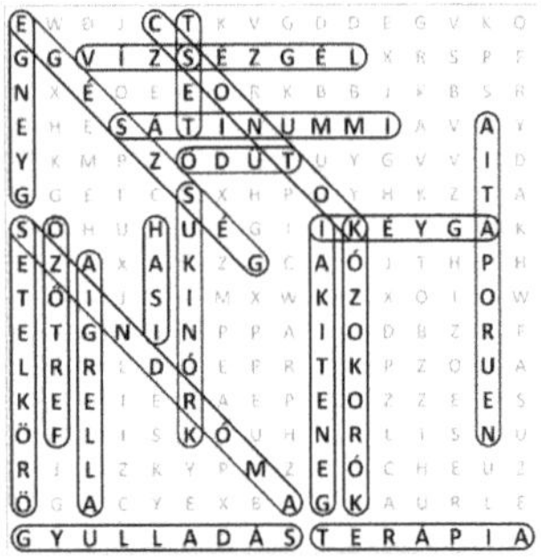

65 - Aquecimento Global

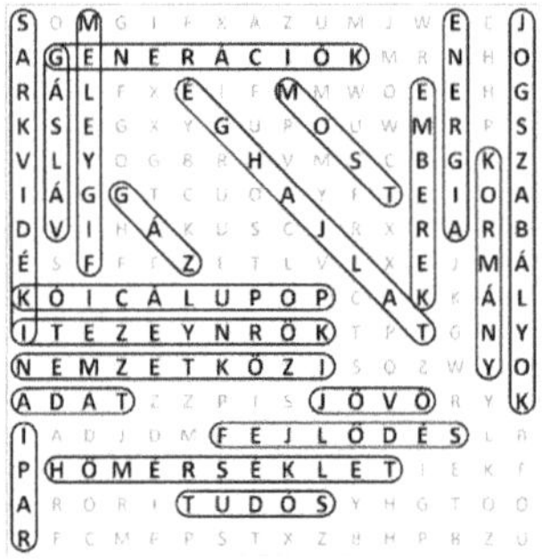

66 - Aviões

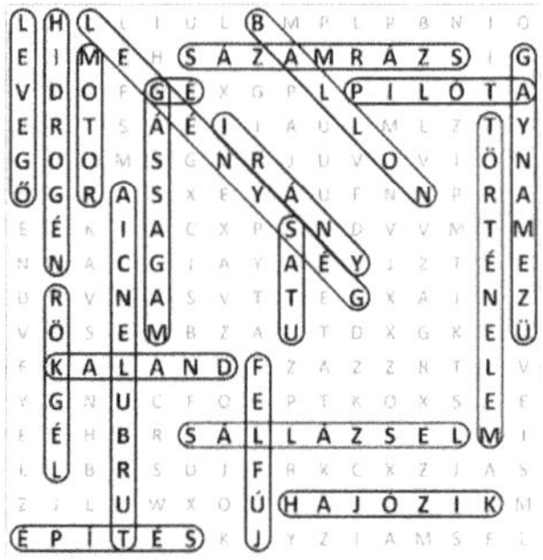

67 - Tipos de Cabelo

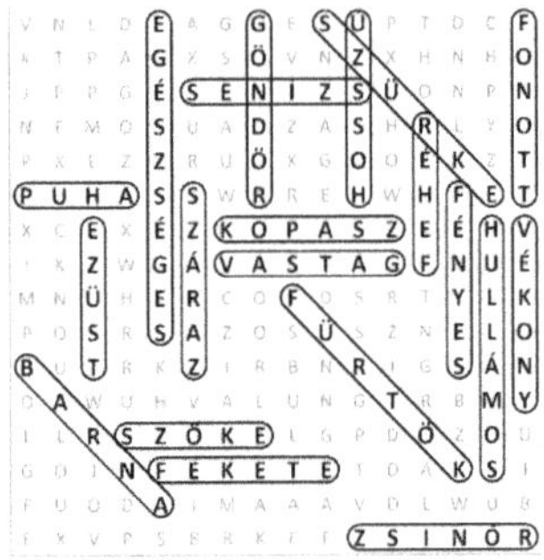

68 - Criatividade

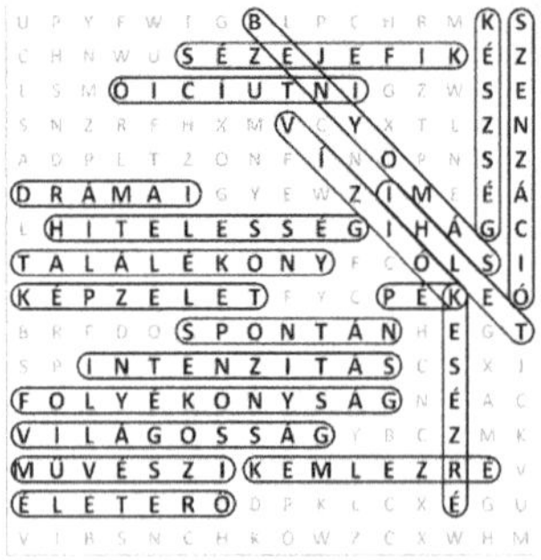

69 - Dias e Meses

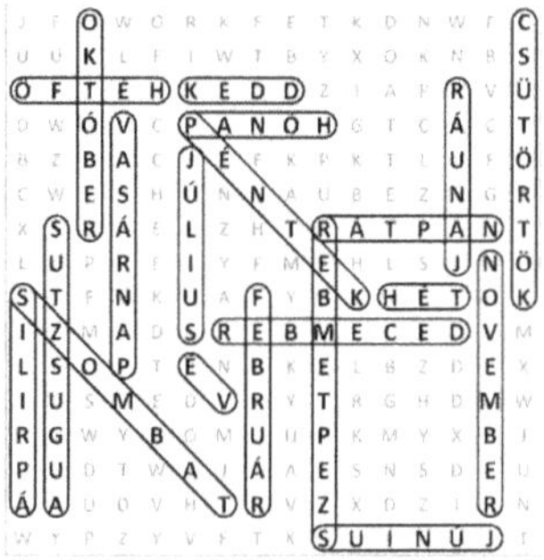

70 - Saúde e Bem Estar #2

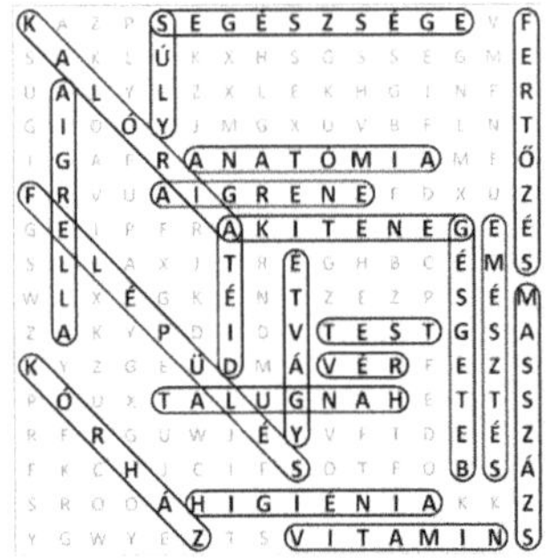

71 - Geografia

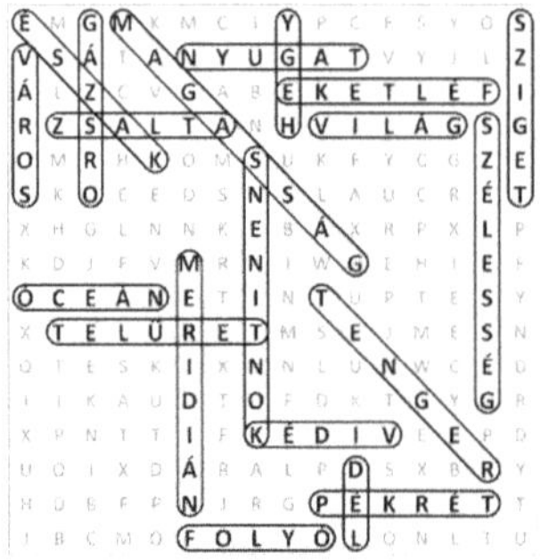

72 - Antártica

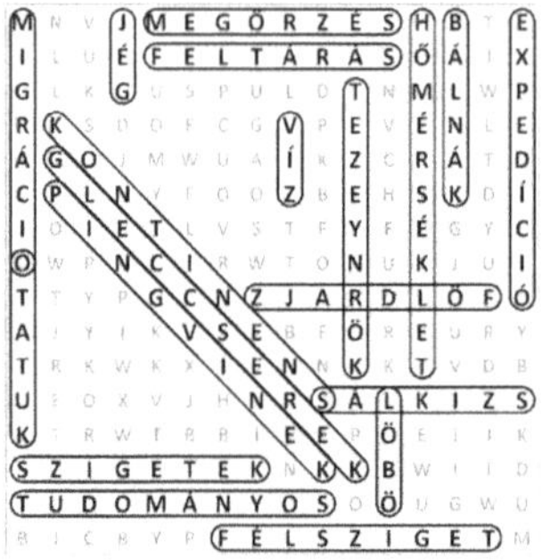

73 - Flores

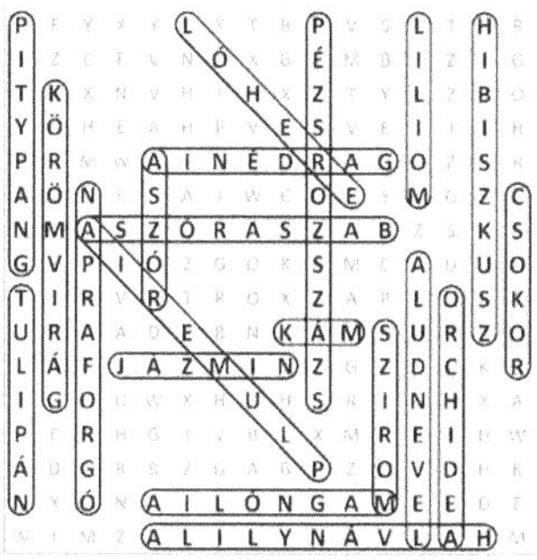

74 - Fazenda #1

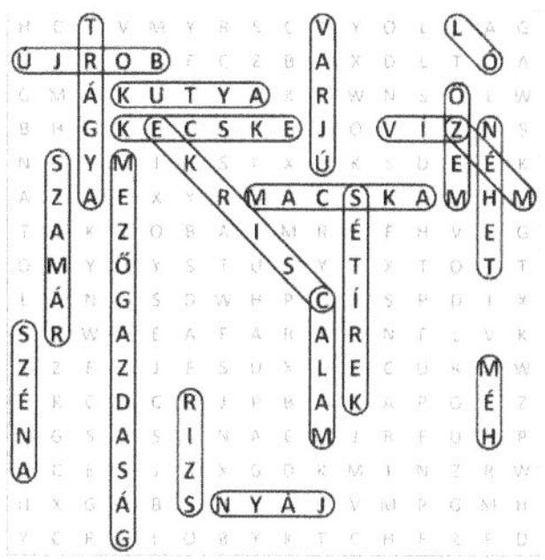

75 - Livros

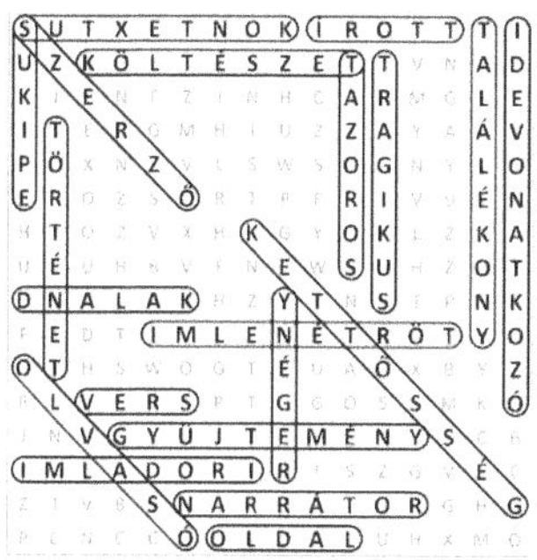

76 - Governo

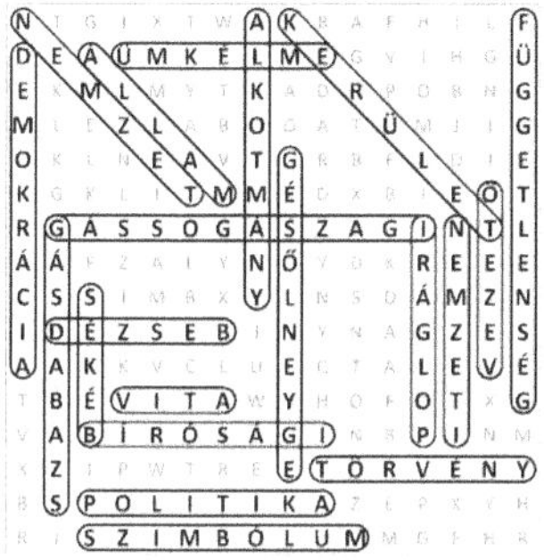

77 - Jardinagem

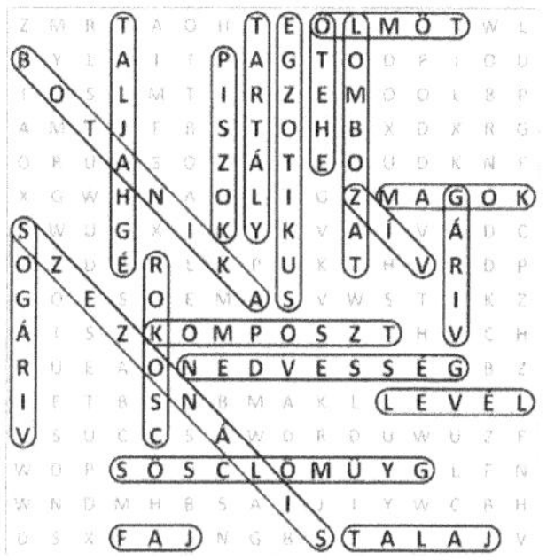

78 - Profissões #2

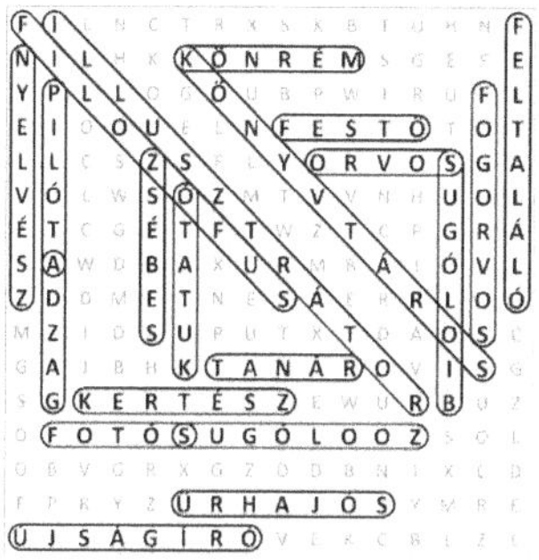

79 - Café

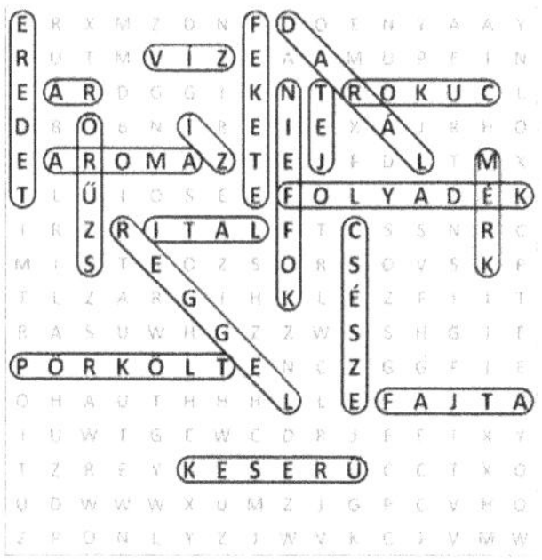

80 - Negócios

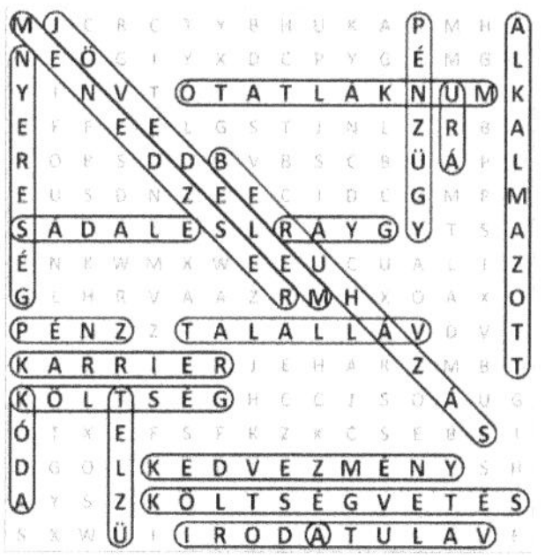

81 - Fazenda #2

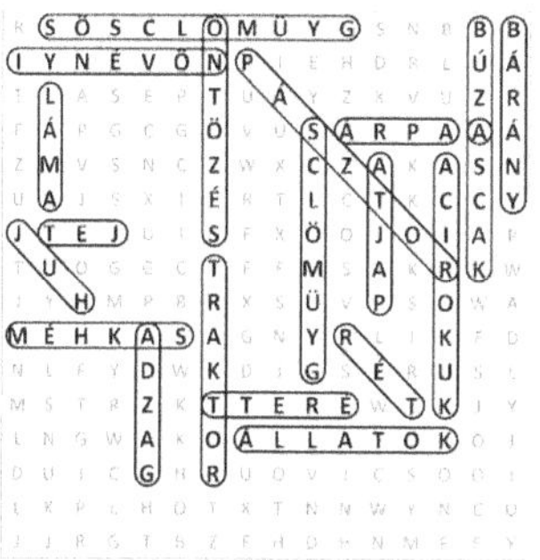

82 - Jardim

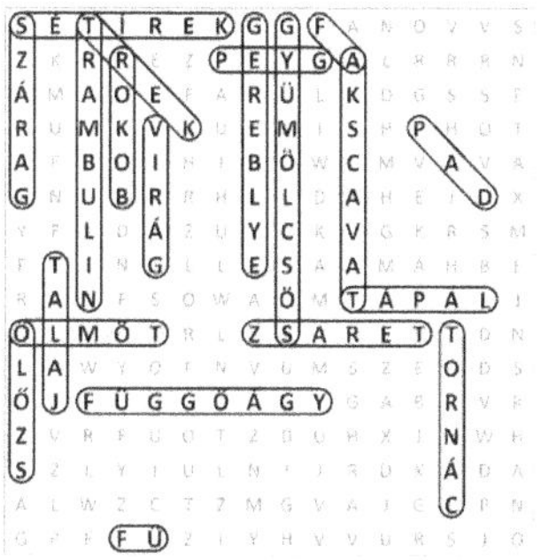

83 - Oceano

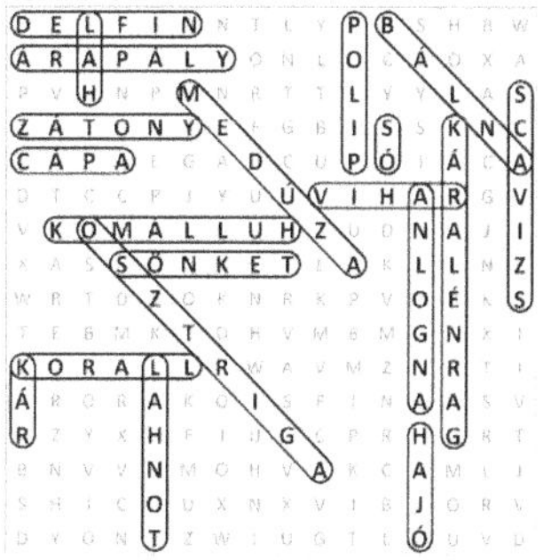

84 - Profissões #1

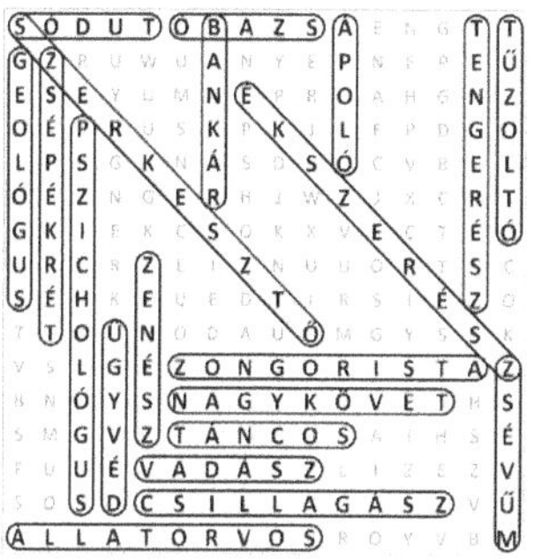

85 - Força e Gravidade

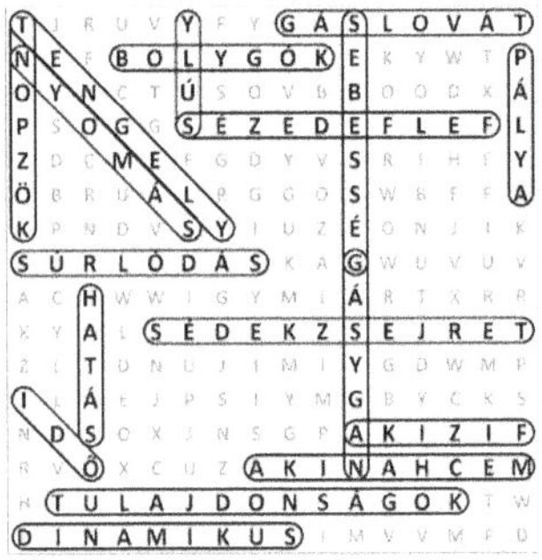

86 - Abelhas

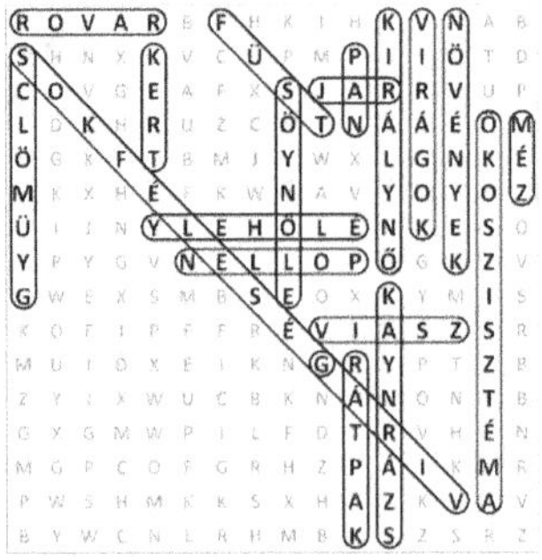

87 - Ciência

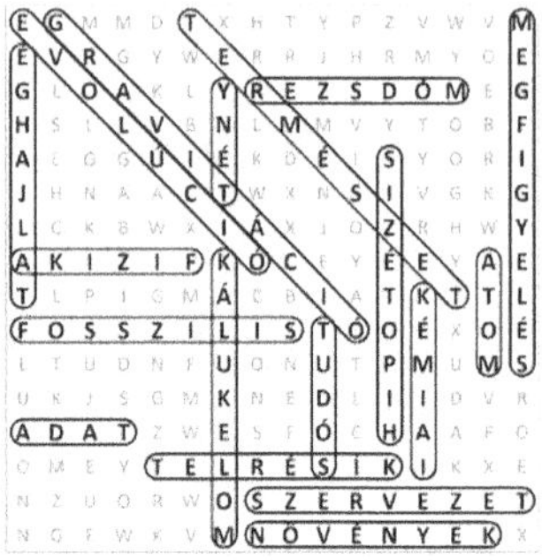

88 - Comida #1

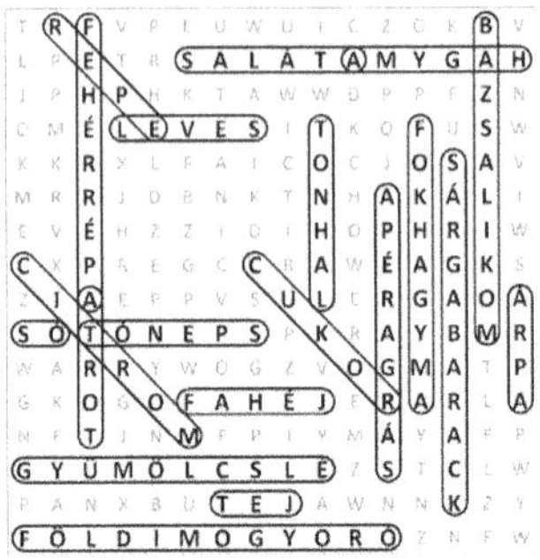

89 - Geometria

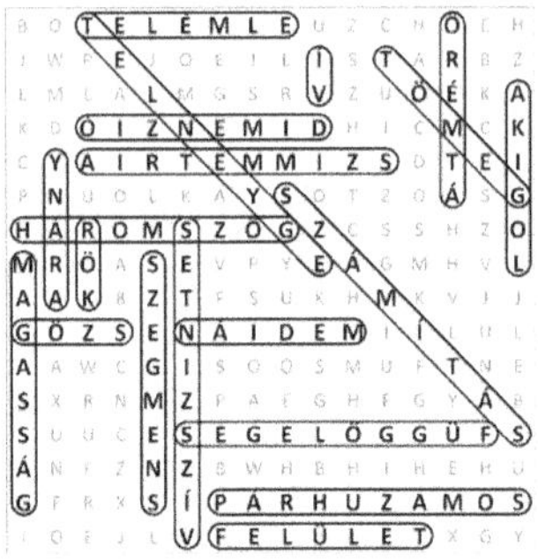

90 - Pássaros

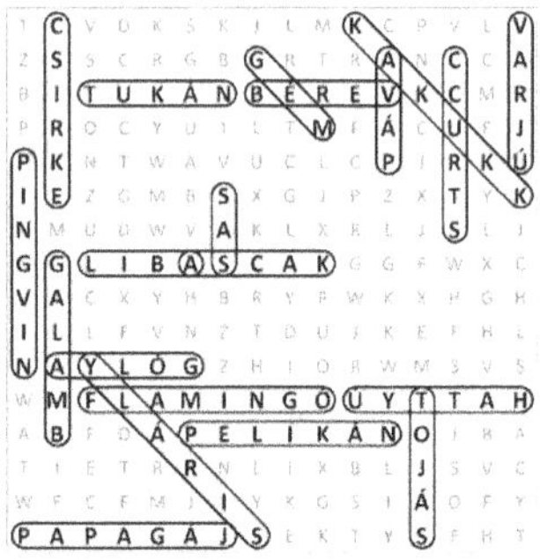

91 - Literatura

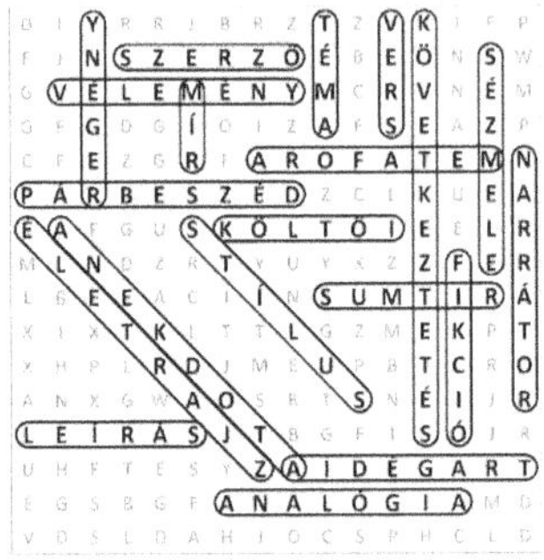

92 - Química

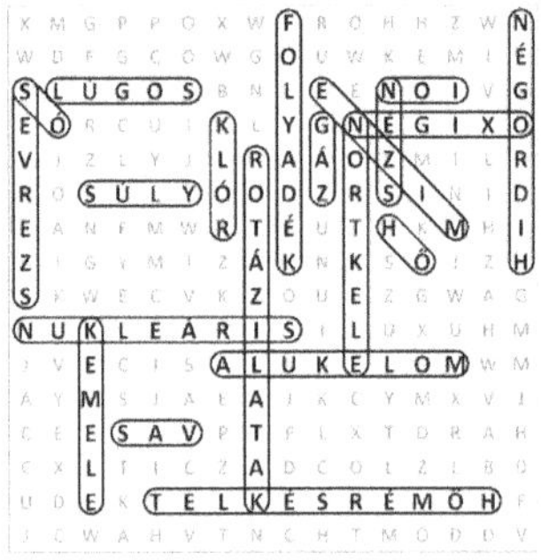

93 - Clima

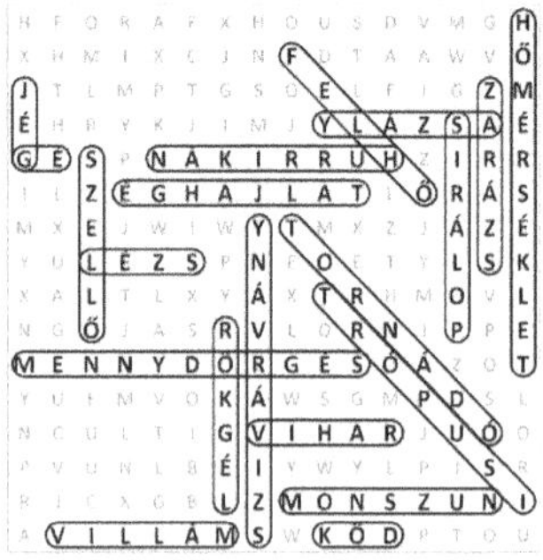

94 - Diplomacia

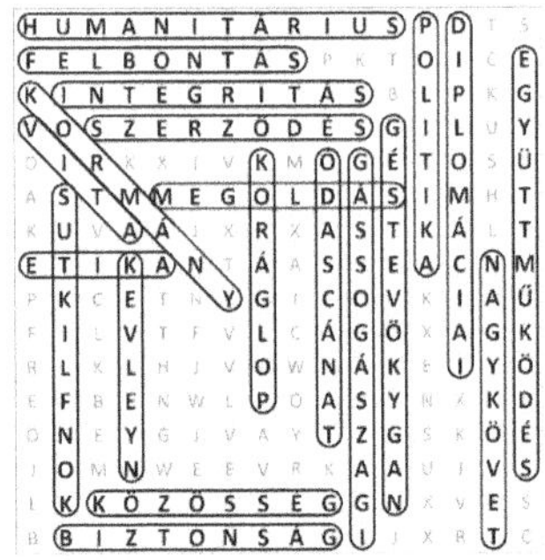

95 - Comida # 2

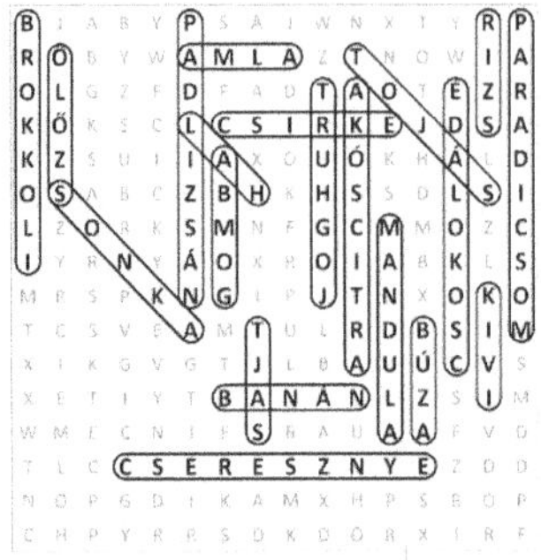

96 - Universo

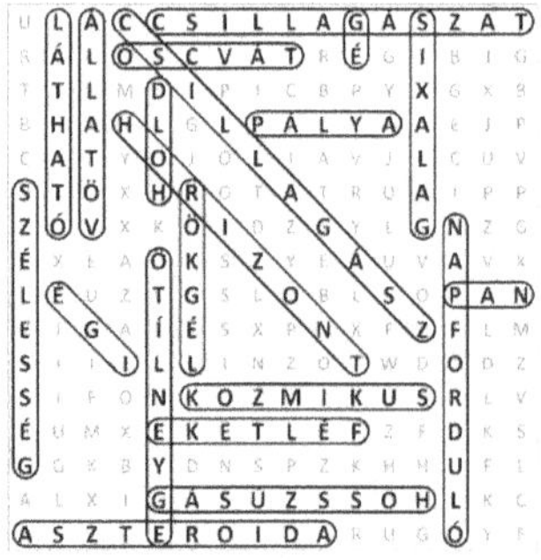

97 - Jazz

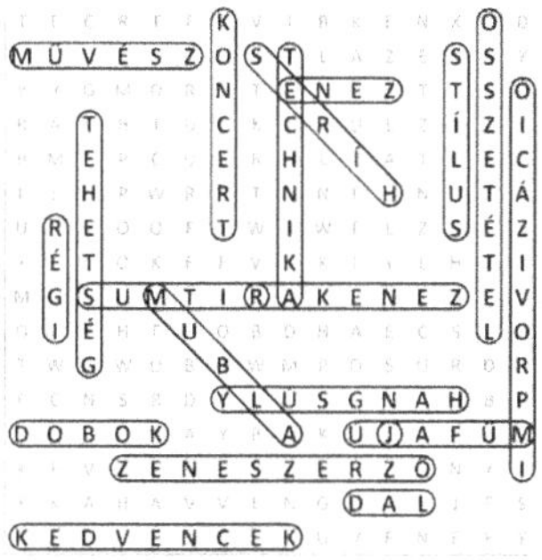

98 - Barcos

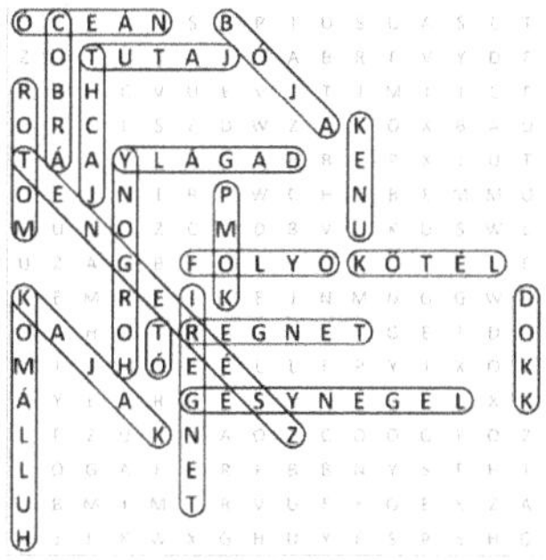

99 - Mamíferos

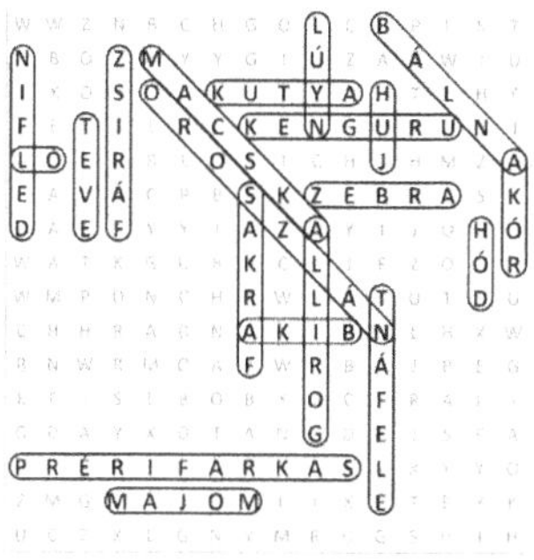

100 - Atividades e Lazer

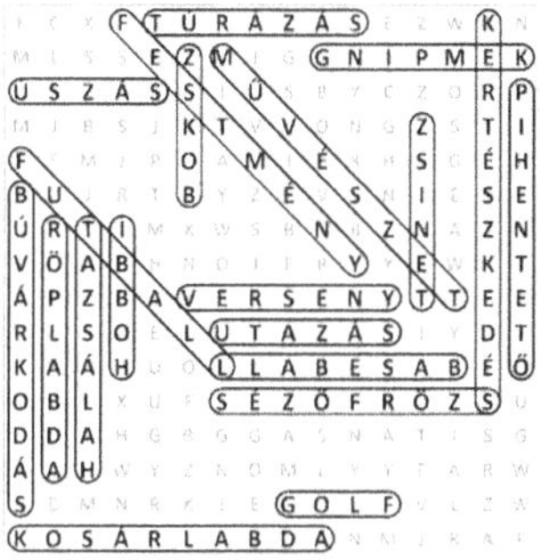

Dicionário

A Mídia
A Média

Atitudes	Attitűdök
Comercial	Kereskedelmi
Comunicação	Kommunikáció
Digital	Digitális
Edição	Kiadás
Educação	Oktatás
Fatos	Tények
Financiamento	Finanszírozás
Fotos	Fotók
Individual	Egyéni
Indústria	Ipar
Intelectual	Szellemi
Jornais	Újságok
Local	Helyi
Online	Online
Opinião	Vélemény
Público	Nyilvános
Rádio	Rádió
Rede	Hálózat
Televisão	Televízió

Abelhas
Méhek

Asas	Szárnyak
Benéfico	Előnyös
Cera	Viasz
Colmeia	Kaptár
Diversidade	Sokféleség
Ecossistema	Ökoszisztéma
Enxame	Raj
Flor	Virág
Flores	Virágok
Fruta	Gyümölcs
Fumaça	Füst
Habitat	Élőhely
Inseto	Rovar
Jardim	Kert
Mel	Méz
Plantas	Növények
Pólen	Pollen
Rainha	Királynő
Sol	Nap

Acampamento
Kemping

Animais	Állatok
Aventura	Kaland
Árvores	Fák
Bússola	Iránytű
Cabine	Kabin
Caça	Vadászat
Canoa	Kenu
Chapéu	Kalap
Corda	Kötél
Equipamento	Felszerelés
Floresta	Erdő
Fogo	Tűz
Inseto	Rovar
Lago	Tó
Lua	Hold
Maca	Függőágy
Mapa	Térkép
Montanha	Hegy
Natureza	Természet
Tenda	Sátor

Adjetivos #1
Melléknevek #1

Absoluto	Abszolút
Aromático	Aromás
Artístico	Művészi
Atraente	Vonzó
Enorme	Óriási
Escuro	Sötét
Exótico	Egzotikus
Fino	Vékony
Generoso	Nagylelkű
Grande	Nagy
Honesto	Őszinte
Idêntico	Azonos
Importante	Fontos
Lento	Lassú
Misterioso	Rejtélyes
Moderno	Modern
Perfeito	Tökéletes
Pesado	Nehéz
Sério	Komoly
Valioso	Értékes

Adjetivos #2
Melléknevek #2

Autêntico	Hiteles
Criativo	Kreatív
Descritivo	Leíró
Dotado	Tehetséges
Elegante	Elegáns
Famoso	Híres
Forte	Erős
Interessante	Érdekes
Natural	Természetes
Normal	Normál
Novo	Új
Orgulhoso	Büszke
Produtivo	Termelő
Puro	Tiszta
Quente	Forró
Responsável	Felelős
Salgado	Sós
Saudável	Egészséges
Seco	Száraz
Selvagem	Vad

Agronomia
Agronómia

Agricultura	Mezőgazdaság
Ambiente	Környezet
Água	Víz
Ciência	Tudomány
Crescimento	Növekedés
Doenças	Betegségek
Ecologia	Ökológia
Energia	Energia
Erosão	Erózió
Fertilizante	Trágya
Identificação	Azonosítás
Legumes	Zöldségek
Orgânico	Szerves
Plantas	Növények
Poluição	Szennyezés
Produção	Termelés
Rural	Vidéki
Sementes	Magok
Sistemas	Rendszerek
Solo	Talaj

Antártica
Antarktisz

Ambiente	Környezet
Água	Víz
Baía	Öböl
Baleias	Bálnák
Científico	Tudományos
Conservação	Megőrzés
Continente	Kontinens
Expedição	Expedíció
Exploração	Feltárás
Geleiras	Gleccserek
Gelo	Jég
Geografia	Földrajz
Ilhas	Szigetek
Investigador	Kutató
Migração	Migráció
Península	Félsziget
Pinguins	Pingvinek
Rochoso	Sziklás
Temperatura	Hőmérséklet
Topografia	Topográfia

Antiguidades
Régiségek

Arte	Művészet
Autêntico	Hiteles
Decorativo	Dekoratív
Elegante	Elegáns
Entusiasta	Rajongó
Escultura	Szobor
Estilo	Stílus
Galeria	Galéria
Incomum	Szokatlan
Investimento	Beruházás
Item	Tétel
Leilão	Árverés
Mobiliário	Bútor
Moedas	Érmék
Preço	Ár
Qualidade	Minőség
Restauração	Helyreállítás
Século	Század
Valor	Érték
Velho	Régi

Aquecimento Global
A Globális Felmelegedés

Agora	Most
Ambiental	Környezeti
Atenção	Figyelem
Ártico	Sarkvidéki
Cientista	Tudós
Clima	Éghajlat
Crise	Válság
Dados	Adat
Desenvolvimento	Fejlődés
Energia	Energia
Futuro	Jövő
Gás	Gáz
Gerações	Generációk
Governo	Kormány
Humanos	Emberek
Indústria	Ipar
Internacional	Nemzetközi
Legislação	Jogszabályok
Populações	Populációk
Temperaturas	Hőmérséklet

Arqueologia
Régészet

Análise	Elemzés
Anos	Év
Antiguidade	Ókor
Avaliação	Értékelés
Civilização	Civilizáció
Descendente	Leszármazott
Desconhecido	Ismeretlen
Equipe	Csapat
Era	Korszak
Especialista	Szakértő
Esquecido	Elfelejtett
Fóssil	Fosszilis
Investigador	Kutató
Mistério	Rejtély
Objetos	Objektumok
Ossos	Csontok
Professor	Professzor
Relíquia	Ereklye
Templo	Templom
Túmulo	Sír

Artes Visuais
Vizuális Művészetek

Argila	Agyag
Arquitetura	Építészet
Artista	Művész
Caneta	Toll
Cavalete	Festőállvány
Cera	Viasz
Cerâmica	Kerámia
Composição	Összetétel
Criatividade	Kreativitás
Escultura	Szobor
Estêncil	Stencil
Filme	Film
Fotografia	Fénykép
Giz	Kréta
Lápis	Ceruza
Obra-Prima	Mestermű
Perspectiva	Perspektíva
Pintura	Festmény
Retrato	Portré
Verniz	Lakk

Astronomia
Csillagászat

Asteróide	Aszteroida
Astronauta	Űrhajós
Astrônomo	Csillagász
Celestial	Égi
Céu	Ég
Cometa	Üstökös
Constelação	Csillagkép
Cosmos	Kozmosz
Eclipse	Fogyatkozás
Foguete	Rakéta
Galáxia	Galaxis
Gravidade	Gravitáció
Lua	Hold
Meteoro	Meteor
Nebulosa	Ködfolt
Planeta	Bolygó
Radiação	Sugárzás
Supernova	Szupernóva
Terra	Föld
Universo	Univerzum

Atividades e Lazer
Tevékenységek és Szabadi

Acampamento	Kemping
Arte	Művészet
Basquete	Kosárlabda
Beisebol	Baseball
Boxe	Boksz
Caminhada	Túrázás
Corrida	Verseny
Futebol	Futball
Golfe	Golf
Hobbies	Hobbi
Jardinagem	Kertészkedés
Mergulho	Búvárkodás
Natação	Úszás
Pesca	Halászat
Pintura	Festmény
Relaxante	Pihentető
Surfe	Szörfözés
Tênis	Tenisz
Viagem	Utazás
Voleibol	Röplabda

Aventura
Kaland

Alegria	Öröm
Amigos	Barátok
Atividade	Tevékenység
Beleza	Szépség
Bravura	Bátorság
Chance	Esély
Desafios	Kihívások
Dificuldade	Nehézség
Entusiasmo	Lelkesedés
Excursão	Kirándulás
Incomum	Szokatlan
Itinerário	Útvonal
Natureza	Természet
Navegação	Navigáció
Novo	Új
Oportunidade	Lehetőség
Perigoso	Veszélyes
Preparação	Előkészítés
Segurança	Biztonság
Surpreendente	Meglepő

Aviões
Repülőgépek

Altura	Magasság
Ar	Levegő
Aterrissagem	Leszállás
Atmosfera	Légkör
Aventura	Kaland
Balão	Ballon
Céu	Ég
Combustível	Üzemanyag
Construção	Építés
Descida	Származás
Direção	Irány
Hidrogênio	Hidrogén
História	Történelem
Inflar	Felfúj
Motor	Motor
Navegar	Hajózik
Passageiro	Utas
Piloto	Pilóta
Tripulação	Legénység
Turbulência	Turbulencia

Álgebra
Algebra

Diagrama	Diagram
Equação	Egyenlet
Expoente	Kitevő
Falso	Hamis
Fator	Tényező
Fórmula	Képlet
Fração	Töredék
Infinito	Végtelen
Linear	Lineáris
Matriz	Mátrix
Número	Szám
Parêntese	Zárójel
Problema	Probléma
Quantidade	Mennyiség
Simplificar	Egyszerűsítés
Solução	Megoldás
Soma	Összeg
Subtração	Kivonás
Variável	Változó
Zero	Nulla

Balé
Balett

Aplauso	Taps
Artístico	Művészi
Bailarina	Balerina
Compositor	Zeneszerző
Coreografia	Koreográfia
Dançarinos	Táncosok
Ensaio	Próba
Estilo	Stílus
Expressivo	Kifejező
Gesto	Gesztus
Gracioso	Kecses
Habilidade	Készség
Intensidade	Intenzitás
Música	Zene
Orquestra	Zenekar
Prática	Gyakorlat
Público	Közönség
Ritmo	Ritmus
Solo	Szóló
Técnica	Technika

Barcos
Csónakok

Âncora	Horgony
Balsa	Komp
Bóia	Bója
Caiaque	Kajak
Canoa	Kenu
Corda	Kötél
Doca	Dokk
Iate	Jacht
Jangada	Tutaj
Lago	Tó
Mar	Tenger
Maré	Dagály
Marinheiro	Tengerész
Mastro	Árboc
Motor	Motor
Náutico	Tengeri
Oceano	Óceán
Ondas	Hullámok
Rio	Folyó
Tripulação	Legénység

Beleza
Szépség

Batom	Rúzs
Cachos	Fürtök
Charme	Báj
Cor	Szín
Cosméticos	Kozmetika
Elegante	Elegáns
Elegância	Elegancia
Espelho	Tükör
Estilista	Stylist
Fotogênico	Fotogén
Fragrância	Illat
Graça	Kegyelem
Maquiagem	Smink
Óleos	Olajok
Pele	Bőr
Produtos	Termékek
Suave	Sima
Tesoura	Olló
Xampu	Sampon

Biologia
Biológia

Anatomia	Anatómia
Bactérias	Baktériumok
Célula	Sejt
Colagénio	Kollagén
Cromossoma	Kromoszóma
Embrião	Embrió
Enzima	Enzim
Evolução	Evolúció
Fotossíntese	Fotoszintézis
Hormona	Hormon
Mamífero	Emlős
Mutação	Mutáció
Natural	Természetes
Nervo	Ideg
Neurônio	Neuron
Osmose	Ozmózis
Proteína	Fehérje
Réptil	Hüllő
Simbiose	Szimbiózis
Sinapse	Szinapszis

Café
Kávé

Açúcar	Cukor
Amargo	Keserű
Aroma	Aroma
Assado	Pörkölt
Água	Víz
Bebida	Ital
Cafeína	Koffein
Copa	Csésze
Creme	Krém
Filtro	Szűrő
Leite	Tej
Líquido	Folyadék
Manhã	Reggel
Moer	Darál
Origem	Eredet
Preço	Ár
Preto	Fekete
Sabor	Íz
Variedade	Fajta

Caminhada
Túrázás

Acampamento	Kemping
Animais	Állatok
Água	Víz
Botas	Csizma
Cansado	Fáradt
Clima	Éghajlat
Guias	Útmutatók
Mapa	Térkép
Montanha	Hegy
Natureza	Természet
Orientação	Orientáció
Parques	Parkok
Pedras	Kövek
Penhasco	Szikla
Perigos	Veszélyek
Pesado	Nehéz
Preparação	Előkészítés
Selvagem	Vad
Sol	Nap
Tempo	Időjárás

Casa
Ház

Biblioteca	Könyvtár
Cerca	Kerítés
Chaves	Kulcsok
Chuveiro	Zuhany
Cortinas	Függönyök
Cozinha	Konyha
Espelho	Tükör
Garagem	Garázs
Janela	Ablak
Jardim	Kert
Lareira	Kandalló
Mobiliário	Bútor
Parede	Fal
Porta	Ajtó
Quarto	Szoba
Sótão	Padlás
Tapete	Szőnyeg
Teto	Mennyezet
Torneira	Csap
Vassoura	Seprű

Churrascos
Grillezés

Almoço	Ebéd
Convite	Meghívás
Crianças	Gyermekek
Facas	Kések
Família	Család
Fome	Éhség
Frango	Csirke
Fruta	Gyümölcs
Grelha	Grill
Jantar	Vacsora
Jogos	Játékok
Legumes	Zöldségek
Molho	Szósz
Música	Zene
Pimenta	Bors
Quente	Forró
Sal	Só
Saladas	Saláták
Tomates	Paradicsom
Verão	Nyár

Cidade
Város

Aeroporto	Repülőtér
Banco	Bank
Biblioteca	Könyvtár
Cinema	Mozi
Escola	Iskola
Estádio	Stadion
Farmácia	Gyógyszertár
Florista	Virágárus
Galeria	Galéria
Hotel	Szálloda
Jardim Zoológico	Állatkert
Livraria	Könyvesbolt
Mercado	Piac
Museu	Múzeum
Padaria	Pékség
Restaurante	Étterem
Salão	Szalon
Supermercado	Szupermarket
Teatro	Színház
Universidade	Egyetem

Ciência
Tudomány

Átomo	Atom
Cientista	Tudós
Clima	Éghajlat
Dados	Adat
Evolução	Evolúció
Experiência	Kísérlet
Fato	Tény
Física	Fizika
Fóssil	Fosszilis
Gravidade	Gravitáció
Hipótese	Hipotézis
Laboratório	Laboratórium
Método	Módszer
Moléculas	Molekulák
Natureza	Természet
Observação	Megfigyelés
Organismo	Szervezet
Partículas	Részecskék
Plantas	Növények
Químico	Kémiai

Clima
Időjárás

Arco-Íris	Szivárvány
Atmosfera	Légkör
Brisa	Szellő
Céu	Ég
Clima	Éghajlat
Furacão	Hurrikán
Gelo	Jég
Monção	Monszun
Nevoeiro	Köd
Nuvem	Felhő
Polar	Poláris
Relâmpago	Villám
Seca	Aszály
Seco	Száraz
Temperatura	Hőmérséklet
Tempestade	Vihar
Tornado	Tornádó
Tropical	Trópusi
Trovão	Mennydörgés
Vento	Szél

Comida # 2
Élelmiszer # 2

Alcachofra	Articsóka
Amêndoa	Mandula
Arroz	Rizs
Banana	Banán
Beringela	Padlizsán
Brócolis	Brokkoli
Cereja	Cseresznye
Chocolate	Csokoládé
Cogumelo	Gomba
Frango	Csirke
Iogurte	Joghurt
Kiwi	Kivi
Maçã	Alma
Ovo	Tojás
Peixe	Hal
Presunto	Sonka
Queijo	Sajt
Tomate	Paradicsom
Trigo	Búza
Uva	Szőlő

Comida #1
Élelmiszer #1

Açúcar	Cukor
Alho	Fokhagyma
Amendoim	Földimogyoró
Atum	Tonhal
Bolo	Torta
Canela	Fahéj
Cebola	Hagyma
Cenoura	Sárgarépa
Cevada	Árpa
Damasco	Sárgabarack
Espinafre	Spenót
Leite	Tej
Limão	Citrom
Manjericão	Bazsalikom
Morango	Eper
Nabo	Fehérrépa
Sal	Só
Salada	Saláta
Sopa	Leves
Suco	Gyümölcslé

Corpo Humano
Emberi Test

Boca	Száj
Cabeça	Fej
Cérebro	Agy
Coração	Szív
Cotovelo	Könyök
Dedo	Ujj
Joelho	Térd
Mandíbula	Állkapocs
Mão	Kéz
Nariz	Orr
Olho	Szem
Ombro	Váll
Orelha	Fül
Pele	Bőr
Perna	Láb
Pescoço	Nyak
Queixo	Áll
Sangue	Vér
Testa	Homlok
Tornozelo	Boka

Cozinha
Konyha

Avental	Kötény
Chaleira	Vízforraló
Colheres	Kanalak
Comer	Enni
Concha	Merőkanál
Cups	Csészék
Especiarias	Fűszerek
Esponja	Szivacs
Facas	Kések
Forno	Sütő
Freezer	Mélyhűtő
Garfos	Villa
Geladeira	Hűtőszekrény
Grelha	Grill
Guardanapo	Szalvéta
Jar	Korsó
Jarro	Kancsó
Receita	Recept
Tigela	Tál

Criatividade
Kreativitás

Artístico	Művészi
Autenticidade	Hitelesség
Clareza	Világosság
Dramático	Drámai
Emoções	Érzelmek
Espontânea	Spontán
Expressão	Kifejezés
Fluidez	Folyékonyság
Habilidade	Készség
Imagem	Kép
Imaginação	Képzelet
Impressão	Benyomás
Inspiração	Ihlet
Intensidade	Intenzitás
Intuição	Intuíció
Inventivo	Találékony
Sensação	Szenzáció
Sentimentos	Érzések
Visões	Víziók
Vitalidade	Életerő

Dança
Tánc

Academia	Akadémia
Alegre	Vidám
Arte	Művészet
Clássico	Klasszikus
Coreografia	Koreográfia
Corpo	Test
Cultura	Kultúra
Cultural	Kulturális
Emoção	Érzelem
Ensaio	Próba
Expressivo	Kifejező
Graça	Kegyelem
Movimento	Mozgás
Música	Zene
Parceiro	Partner
Postura	Testtartás
Ritmo	Ritmus
Tradicional	Hagyományos
Visual	Vizuális

Dias e Meses
Napok és Hónapok

Abril	Április
Agosto	Augusztus
Ano	Év
Calendário	Naptár
Dezembro	December
Domingo	Vasárnap
Fevereiro	Február
Janeiro	Január
Julho	Július
Junho	Június
Mês	Hónap
Novembro	November
Outubro	Október
Quinta-Feira	Csütörtök
Sábado	Szombat
Segunda-Feira	Hétfő
Semana	Hét
Setembro	Szeptember
Sexta-Feira	Péntek
Terça	Kedd

Diplomacia
Diplomácia

Cidadãos	Polgárok
Comunidade	Közösség
Conflito	Konfliktus
Consultor	Tanácsadó
Cooperação	Együttműködés
Diplomático	Diplomáciai
Discussão	Vita
Embaixada	Nagykövetség
Embaixador	Nagykövet
Ética	Etika
Governo	Kormány
Humanitário	Humanitárius
Integridade	Integritás
Justiça	Igazságosság
Línguas	Nyelvek
Política	Politika
Resolução	Felbontás
Segurança	Biztonság
Solução	Megoldás
Tratado	Szerződés

Dirigindo
Vezetés

Acidente	Baleset
Carro	Autó
Combustível	Üzemanyag
Cuidado	Vigyázat
Estrada	Út
Freios	Fékek
Garagem	Garázs
Gás	Gáz
Licença	Engedély
Mapa	Térkép
Motocicleta	Motorkerékpár
Motor	Motor
Pedestre	Gyalogos
Perigo	Veszély
Polícia	Rendőrség
Rua	Utca
Segurança	Biztonság
Transporte	Szállítás
Tráfego	Forgalom
Túnel	Alagút

Disciplinas Científicas
Tudományos Tudományágak

Anatomia	Anatómia
Arqueologia	Régészet
Astronomia	Csillagászat
Biologia	Biológia
Bioquímica	Biokémia
Botânica	Botanika
Cinesiologia	Kineziológia
Ecologia	Ökológia
Fisiologia	Fiziológia
Geologia	Geológia
Imunologia	Immunológia
Linguística	Nyelvészet
Meteorologia	Meteorológia
Mineralogia	Ásványtan
Neurologia	Neurológia
Psicologia	Pszichológia
Química	Kémia
Sociologia	Szociológia
Termodinâmica	Termodinamika
Zoologia	Állattan

Doença
Betegség

Abdominal	Hasi
Alergias	Allergia
Contagioso	Fertőző
Coração	Szív
Corpo	Test
Crônica	Krónikus
Fraco	Gyenge
Genético	Genetikai
Hereditário	Örökletes
Imunidade	Immunitás
Inflamação	Gyulladás
Lombar	Ágyéki
Neuropatia	Neuropátia
Ossos	Csontok
Patógenos	Kórokozók
Pulmonar	Tüdő
Respiratório	Légzés
Saúde	Egészség
Síndrome	Szindróma
Terapia	Terápia

Ecologia
Ökológia

Clima	Éghajlat
Comunidades	Közösségek
Diversidade	Sokféleség
Fauna	Fauna
Flora	Növényvilág
Global	Globális
Habitat	Élőhely
Marinho	Tengeri
Montanhas	Hegyek
Natural	Természetes
Natureza	Természet
Pântano	Mocsár
Plantas	Növények
Recursos	Források
Seca	Aszály
Sobrevivência	Túlélés
Sustentável	Fenntartható
Variedade	Fajta
Vegetação	Növényzet
Voluntários	Önkéntesek

Edifícios
Épületek

Apartamento	Lakás
Cabine	Kabin
Castelo	Vár
Celeiro	Pajta
Cinema	Mozi
Embaixada	Nagykövetség
Escola	Iskola
Estádio	Stadion
Fazenda	Gazdaság
Fábrica	Gyár
Garagem	Garázs
Hospital	Kórház
Hotel	Szálloda
Laboratório	Laboratórium
Museu	Múzeum
Supermercado	Szupermarket
Teatro	Színház
Tenda	Sátor
Torre	Torony
Universidade	Egyetem

Energia
Energia

Ambiente	Környezet
Bateria	Akkumulátor
Calor	Hő
Carbono	Szén
Combustível	Üzemanyag
Diesel	Dízel
Elétrico	Elektromos
Elétron	Elektron
Entropia	Entrópia
Fóton	Foton
Gasolina	Benzin
Hidrogênio	Hidrogén
Indústria	Ipar
Motor	Motor
Nuclear	Nukleáris
Poluição	Szennyezés
Renovável	Megújuló
Sol	Nap
Turbina	Turbina
Vento	Szél

Engenharia
Műszaki

Atrito	Súrlódás
Ângulo	Szög
Cálculo	Számítás
Construção	Építés
Diagrama	Diagram
Diâmetro	Átmérő
Diesel	Dízel
Dimensões	Méretek
Distribuição	Eloszlás
Eixo	Tengely
Energia	Energia
Estabilidade	Stabilitás
Estrutura	Szerkezet
Força	Erő
Líquido	Folyadék
Máquina	Gép
Medição	Mérés
Motor	Motor
Profundidade	Mélység
Propulsão	Meghajtás

Especiarias
Fűszerek

Açafrão	Sáfrány
Alcaçuz	Édesgyökér
Alho	Fokhagyma
Amargo	Keserű
Anis	Ánizs
Azedo	Savanyú
Baunilha	Vanília
Canela	Fahéj
Cardamomo	Kardamom
Caril	Curry
Cebola	Hagyma
Coentro	Koriander
Cominho	Kömény
Doce	Édes
Funcho	Édeskömény
Gengibre	Gyömbér
Noz-Moscada	Szerecsendió
Pimenta	Bors
Sabor	Íz
Sal	Só

Esporte
Sport

Alongamento	Nyújtás
Atleta	Atléta
Capacidade	Képesség
Ciclismo	Kerékpározás
Corpo	Test
Dançando	Tánc
Dieta	Diéta
Esportes	Sport
Força	Erő
Jogging	Kocogás
Maximizar	Maximalizálás
Metabólico	Metabolikus
Músculos	Izmok
Nutrição	Táplálkozás
Objetivo	Cél
Ossos	Csontok
Programa	Program
Resistência	Kitartás
Saúde	Egészség
Treinador	Edző

Ética
Etika

Altruísmo	Önzetlenség
Benevolente	Jóindulatú
Bondade	Kedvesség
Compaixão	Együttérzés
Cooperação	Együttműködés
Dignidade	Méltóság
Diplomático	Diplomáciai
Filosofia	Filozófia
Honestidade	Őszinteség
Humanidade	Emberiség
Integridade	Integritás
Otimismo	Optimizmus
Paciência	Türelem
Racionalidade	Racionalitás
Razoável	Ésszerű
Realismo	Realizmus
Sabedoria	Bölcsesség
Tolerância	Tolerancia
Valores	Értékek

Família
Család

Antepassado	Ős
Avó	Nagymama
Avô	Nagyapa
Criança	Gyermek
Crianças	Gyermekek
Esposa	Feleség
Filha	Lánya
Infância	Gyermekkor
Irmão	Testvér
Marido	Férj
Materno	Anyai
Mãe	Anya
Neto	Unoka
Pai	Apa
Paterno	Apai
Primo	Unokatestvér
Sobrinha	Unokahúg
Sobrinho	Unokaöcs
Tia	Néni
Tio	Nagybácsi

Fazenda #1
Gazdaság #1

Abelha	Méh
Agricultura	Mezőgazdaság
Arroz	Rizs
Água	Víz
Bezerro	Borjú
Burro	Szamár
Cabra	Kecske
Campo	Mező
Cavalo	Ló
Cão	Kutya
Cerca	Kerítés
Corvo	Varjú
Feno	Széna
Fertilizante	Trágya
Frango	Csirke
Gato	Macska
Mel	Méz
Porco	Malac
Rebanho	Nyáj
Vaca	Tehén

Fazenda #2
2. Gazdaság

Agricultor	Gazda
Animais	Állatok
Celeiro	Pajta
Cevada	Árpa
Colmeia	Méhkas
Cordeiro	Bárány
Fruta	Gyümölcs
Irrigação	Öntözés
Leite	Tej
Lhama	Láma
Maduro	Érett
Milho	Kukorica
Ovelha	Juh
Pastor	Pásztor
Pato	Kacsa
Pomar	Gyümölcsös
Prado	Rét
Trator	Traktor
Trigo	Búza
Vegetal	Növényi

Férias #2
Nyaralás #2

Acampamento	Kemping
Aeroporto	Repülőtér
Estrangeiro	Külföldi
Feriado	Nyaralás
Fotos	Fotók
Hotel	Szálloda
Ilha	Sziget
Lazer	Szabadidő
Mapa	Térkép
Mar	Tenger
Montanhas	Hegyek
Passaporte	Útlevél
Praia	Strand
Reservas	Foglalások
Restaurante	Étterem
Táxi	Taxi
Tenda	Sátor
Transporte	Szállítás
Viagem	Utazás
Visto	Vízum

Ficção Científica
Sci-Fi

Atómico	Atomi
Cinema	Mozi
Distante	Távoli
Distopia	Dystopia
Explosão	Robbanás
Extremo	Szélsőséges
Fantástico	Fantasztikus
Fogo	Tűz
Futurista	Futurisztikus
Galáxia	Galaxis
Ilusão	Illúzió
Imaginário	Képzeletbeli
Livros	Könyvek
Misterioso	Rejtélyes
Mundo	Világ
Oráculo	Jóslat
Planeta	Bolygó
Robôs	Robotok
Tecnologia	Technológia
Utopia	Utópia

Filantropia
Filantrópia

Caridade	Jótékonyság
Comunidade	Közösség
Contatos	Kapcsolatok
Crianças	Gyermekek
Desafios	Kihívások
Finança	Pénzügy
Fundos	Alapok
Generosidade	Nagylelkűség
Global	Globális
Grupos	Csoportok
História	Történelem
Honestidade	Őszinteség
Humanidade	Emberiség
Juventude	Ifjúság
Missão	Küldetés
Necessidade	Szükség
Objetivos	Célok
Pessoas	Emberek
Programas	Programok
Público	Nyilvános

Física
Fizika

Aceleração	Gyorsulás
Átomo	Atom
Caos	Káosz
Densidade	Sűrűség
Elétron	Elektron
Fórmula	Képlet
Frequência	Frekvencia
Gás	Gáz
Gravidade	Gravitáció
Magnetismo	Mágnesesség
Massa	Tömeg
Mecânica	Mechanika
Molécula	Molekula
Motor	Motor
Nuclear	Nukleáris
Partícula	Részecske
Químico	Kémiai
Relatividade	Relativitás
Universal	Egyetemes
Velocidade	Sebesség

Flores
Virágok

Buquê	Csokor
Calêndula	Körömvirág
Dente-De-Leão	Pitypang
Gardênia	Gardénia
Girassol	Napraforgó
Hibisco	Hibiszkusz
Jasmim	Jázmin
Lavanda	Levendula
Lilás	Halványlila
Lírio	Liliom
Magnólia	Magnólia
Margarida	Százszorszép
Orquídea	Orchidea
Papoula	Mák
Peônia	Bazsarózsa
Pétala	Szirom
Plumeria	Plumeria
Rosa	Rózsa
Trevo	Lóhere
Tulipa	Tulipán

Floresta Tropical
Esőerdők

Anfíbios	Kétéltűek
Botânico	Botanika
Clima	Éghajlat
Comunidade	Közösség
Diversidade	Sokféleség
Espécies	Faj
Insetos	Rovarok
Mamíferos	Emlősök
Musgo	Moha
Natureza	Természet
Nuvens	Felhők
Pássaros	Madarak
Preservação	Megőrzés
Refúgio	Menedék
Respeito	Tisztelet
Restauração	Helyreállítás
Selva	Dzsungel
Sobrevivência	Túlélés
Valioso	Értékes

Força e Gravidade
Erő és Gravitáció

Atrito	Súrlódás
Centro	Központ
Descoberta	Felfedezés
Dinâmico	Dinamikus
Distância	Távolság
Eixo	Tengely
Expansão	Terjeszkedés
Física	Fizika
Impacto	Hatás
Magnetismo	Mágnesesség
Magnitude	Nagyság
Mecânica	Mechanika
Órbita	Pálya
Peso	Súly
Planetas	Bolygók
Pressão	Nyomás
Propriedades	Tulajdonságok
Rapidez	Sebesség
Tempo	Idő
Universal	Egyetemes

Frutas
Gyümölcs

Abacate	Avokádó
Abacaxi	Ananász
Amora	Szeder
Baga	Bogyó
Banana	Banán
Cereja	Cseresznye
Coco	Kókuszdió
Damasco	Sárgabarack
Figo	Ábra
Framboesa	Málna
Kiwi	Kivi
Laranja	Narancs
Limão	Citrom
Maçã	Alma
Mamão	Papaja
Manga	Mangó
Nectarina	Nektarin
Pera	Körte
Pêssego	Őszibarack
Uva	Szőlő

Geografia
Földrajz

Altitude	Magasság
Atlas	Atlasz
Cidade	Város
Continente	Kontinens
Hemisfério	Félteke
Ilha	Sziget
Latitude	Szélesség
Mapa	Térkép
Mar	Tenger
Meridiano	Meridián
Montanha	Hegy
Mundo	Világ
Norte	Észak
Oceano	Óceán
Oeste	Nyugat
País	Ország
Região	Vidék
Rio	Folyó
Sul	Dél
Território	Terület

Geologia
Geológia

Ácido	Sav
Camada	Réteg
Caverna	Barlang
Cálcio	Kalcium
Ciclos	Ciklusok
Continente	Kontinens
Coral	Korall
Cristais	Kristályok
Erosão	Erózió
Estalactite	Cseppkő
Estalagmites	Sztalagmitok
Fóssil	Fosszilis
Lava	Láva
Pedra	Kő
Platô	Fennsík
Quartzo	Kvarc
Sal	Só
Terremoto	Földrengés
Vulcão	Vulkán
Zona	Zóna

Geometria
Geometria

Altura	Magasság
Ângulo	Szög
Cálculo	Számítás
Círculo	Kör
Curva	Ív
Diâmetro	Átmérő
Dimensão	Dimenzió
Equação	Egyenlet
Horizontal	Vízszintes
Lógica	Logika
Massa	Tömeg
Mediana	Medián
Paralelo	Párhuzamos
Proporção	Arány
Segmento	Szegmens
Simetria	Szimmetria
Superfície	Felület
Teoria	Elmélet
Triângulo	Háromszög
Vertical	Függőleges

Governo
Kormányzat

Civil	Polgári
Constituição	Alkotmány
Democracia	Demokrácia
Discurso	Beszéd
Discussão	Vita
Distrito	Kerület
Estado	Állam
Igualdade	Egyenlőség
Independência	Függetlenség
Judicial	Bírósági
Justiça	Igazságosság
Lei	Törvény
Liberdade	Szabadság
Líder	Vezető
Monumento	Emlékmű
Nacional	Nemzeti
Nação	Nemzet
Pacífico	Békés
Política	Politika
Símbolo	Szimbólum

Herbalismo

Herbalism

Açafrão	Sáfrány
Alecrim	Rozmaring
Alho	Fokhagyma
Aromático	Aromás
Benéfico	Előnyös
Coentro	Koriander
Estragão	Tárkony
Flor	Virág
Funcho	Édeskömény
Ingrediente	Összetevő
Jardim	Kert
Lavanda	Levendula
Manjericão	Bazsalikom
Manjerona	Majoránna
Planta	Növény
Qualidade	Minőség
Sabor	Íz
Salsa	Petrezselyem
Tomilho	Kakukkfű
Verde	Zöld

Imigração

Bevándorlás

Adultos	Felnőttek
Ajuda	Támogatás
Aprovação	Jóváhagyás
Comunicação	Kommunikáció
Crianças	Gyermekek
Documentos	Dokumentumok
Estresse	Stressz
Financiamento	Finanszírozás
Fronteiras	Határok
Habitação	Ház
Lei	Törvény
Língua	Nyelv
Negociação	Tárgyalás
Oficial	Tiszt
Prazo	Határidő
Processo	Folyamat
Proteção	Védelem
Situação	Helyzet
Solução	Megoldás

Instrumentos Musicais

Hangszerek

Bandolim	Mandolin
Banjo	Bendzsó
Clarinete	Klarinét
Fagote	Fagott
Flauta	Fuvola
Gaita	Harmonika
Gongo	Gong
Harpa	Hárfa
Marimba	Marimba
Oboé	Oboa
Pandeiro	Csörgődob
Piano	Zongora
Saxofone	Szaxofon
Tambor	Dob
Trombone	Harsona
Trompete	Trombita
Violão	Gitár
Violino	Hegedű
Violoncelo	Cselló

Jardim

Kert

Ancinho	Gereblye
Arbusto	Bokor
Árvore	Fa
Banco	Pad
Cerca	Kerítés
Flor	Virág
Garagem	Garázs
Grama	Fű
Gramado	Gyep
Jardim	Kert
Lagoa	Tavacska
Maca	Függőágy
Mangueira	Tömlő
Pá	Lapát
Pomar	Gyümölcsös
Solo	Talaj
Terraço	Terasz
Trampolim	Trambulin
Varanda	Tornác
Videira	Szőlő

Jardinagem

Kertészkedés

Água	Víz
Botânico	Botanika
Buquê	Csokor
Clima	Éghajlat
Comestível	Ehető
Composto	Komposzt
Espécies	Faj
Exótico	Egzotikus
Flor	Virág
Floral	Virágos
Folha	Levél
Folhagem	Lombozat
Mangueira	Tömlő
Pomar	Gyümölcsös
Recipiente	Tartály
Sazonal	Szezonális
Sementes	Magok
Solo	Talaj
Sujeira	Piszok
Umidade	Nedvesség

Jazz

Dzsessz

Artista	Művész
Álbum	Album
Bateria	Dobok
Canção	Dal
Composição	Összetétel
Compositor	Zeneszerző
Concerto	Koncert
Estilo	Stílus
Ênfase	Hangsúly
Famoso	Híres
Favoritos	Kedvencek
Gênero	Műfaj
Improvisação	Improvizáció
Música	Zene
Novo	Új
Orquestra	Zenekar
Ritmo	Ritmus
Talento	Tehetség
Técnica	Technika
Velho	Régi

Literatura
Irodalom

Analogia	Analógia
Análise	Elemzés
Anedota	Anekdota
Autor	Szerző
Biografia	Életrajz
Conclusão	Következtetés
Descrição	Leírás
Diálogo	Párbeszéd
Estilo	Stílus
Ficção	Fikció
Metáfora	Metafora
Narrador	Narrátor
Opinião	Vélemény
Poema	Vers
Poético	Költői
Rima	Rím
Ritmo	Ritmus
Romance	Regény
Tema	Téma
Tragédia	Tragédia

Livros
Könyvek

Autor	Szerző
Aventura	Kaland
Coleção	Gyűjtemény
Contexto	Kontextus
Dualidade	Kettősség
Escrito	Írott
Épico	Epikus
História	Történet
Histórico	Történelmi
Inventivo	Találékony
Leitor	Olvasó
Literário	Irodalmi
Narrador	Narrátor
Página	Oldal
Poema	Vers
Poesia	Költészet
Relevante	Ide Vonatkozó
Romance	Regény
Série	Sorozat
Trágico	Tragikus

Mamíferos
Emlősök

Baleia	Bálna
Camelo	Teve
Canguru	Kenguru
Castor	Hód
Cavalo	Ló
Cão	Kutya
Coelho	Nyúl
Coiote	Prérifarkas
Elefante	Elefánt
Gato	Macska
Girafa	Zsiráf
Golfinho	Delfin
Gorila	Gorilla
Leão	Oroszlán
Lobo	Farkas
Macaco	Majom
Ovelha	Juh
Raposa	Róka
Touro	Bika
Zebra	Zebra

Matemática
Matematika

Aritmética	Számtan
Ângulos	Szögek
Decimal	Tizedes
Diâmetro	Átmérő
Equação	Egyenlet
Esfera	Gömb
Expoente	Kitevő
Fração	Töredék
Geometria	Geometria
Números	Számok
Paralelo	Párhuzamos
Perímetro	Kerület
Perpendicular	Merőleges
Polígono	Poligon
Quadrado	Négyzet
Raio	Sugár
Retângulo	Téglalap
Simetria	Szimmetria
Soma	Összeg
Triângulo	Háromszög

Material de Arte
Művészeti Kellékek

Acrílico	Akril
Apagador	Radír
Aquarelas	Akvarellek
Argila	Agyag
Água	Víz
Cadeira	Szék
Carvão	Faszén
Cavalete	Festőállvány
Câmera	Kamera
Cola	Ragasztó
Cores	Színek
Criatividade	Kreativitás
Escovas	Ecsetek
Lápis	Ceruzák
Mesa	Asztal
Óleo	Olaj
Papel	Papír
Pastels	Pasztell
Tinta	Tinta
Tintas	Festékek

Medições
Mérések

Altura	Magasság
Byte	Bájt
Centímetro	Centiméter
Comprimento	Hossz
Decimal	Tizedes
Grama	Gramm
Grau	Fokozat
Largura	Szélesség
Litro	Liter
Massa	Tömeg
Metro	Mérő
Minuto	Perc
Onça	Uncia
Peso	Súly
Polegada	Hüvelyk
Profundidade	Mélység
Quarto	Kvart
Quilograma	Kilogramm
Quilômetro	Kilométer
Tonelada	Tonna

Meditação
Elmélkedés

Aceitação	Elfogadás
Acordado	Ébren
Atenção	Figyelem
Bondade	Kedvesség
Clareza	Világosság
Compaixão	Együttérzés
Emoções	Érzelmek
Ensinamentos	Tanítások
Gratidão	Hála
Mental	Mentális
Mente	Elme
Movimento	Mozgás
Música	Zene
Natureza	Természet
Observação	Megfigyelés
Paz	Béke
Pensamentos	Gondolatok
Perspectiva	Perspektíva
Postura	Testtartás
Silêncio	Csend

Mitologia
Mitológia

Arquétipo	Archetípus
Ciúmes	Féltékenység
Comportamento	Viselkedés
Criação	Teremtés
Criatura	Teremtmény
Cultura	Kultúra
Desastre	Katasztrófa
Força	Erő
Guerreiro	Harcos
Heroína	Hősnő
Herói	Hős
Labirinto	Labirintus
Lenda	Legenda
Mágico	Mágikus
Monstro	Szörny
Mortal	Halandó
Relâmpago	Villám
Triunfante	Diadalmas
Trovão	Mennydörgés
Vingança	Bosszú

Moda
Divat

Acessível	Megfizethető
Bordado	Hímzés
Botões	Gombok
Boutique	Butik
Caro	Drága
Confortável	Kényelmes
Elegante	Elegáns
Estilo	Stílus
Medidas	Mérések
Minimalista	Minimalista
Moderno	Modern
Modesto	Szerény
Original	Eredeti
Prático	Gyakorlati
Renda	Csipke
Roupa	Ruházat
Simples	Egyszerű
Tecido	Szövet
Tendência	Irányzat
Textura	Textúra

Música
Zene

Álbum	Album
Balada	Ballada
Cantar	Énekel
Cantor	Énekes
Clássico	Klasszikus
Coro	Kórus
Gravação	Felvétel
Harmonia	Harmónia
Improvisar	Rögtönöz
Instrumento	Eszköz
Lírico	Lírai
Melodia	Dallam
Microfone	Mikrofon
Musical	Zenei
Músico	Zenész
Ópera	Opera
Poético	Költői
Ritmo	Ritmus
Tempo	Tempó
Vocal	Ének

Natureza
Természet

Abelhas	Méhek
Abrigo	Menedék
Animais	Állatok
Ártico	Sarkvidéki
Beleza	Szépség
Deserto	Sivatag
Dinâmico	Dinamikus
Erosão	Erózió
Floresta	Erdő
Folhagem	Lombozat
Geleira	Gleccser
Nevoeiro	Köd
Nuvens	Felhők
Pacífico	Békés
Rio	Folyó
Santuário	Szentély
Selvagem	Vad
Sereno	Derűs
Tropical	Trópusi
Vital	Létfontosságú

Negócios
Üzleti

Carreira	Karrier
Custo	Költség
Desconto	Kedvezmény
Dinheiro	Pénz
Empregado	Alkalmazott
Empregador	Munkáltató
Empresa	Vállalat
Escritório	Iroda
Fábrica	Gyár
Finança	Pénzügy
Gerente	Menedzser
Impostos	Adók
Investimento	Beruházás
Loja	Üzlet
Lucro	Nyereség
Mercadoria	Áru
Moeda	Valuta
Orçamento	Költségvetés
Rendimento	Jövedelem
Venda	Eladás

Nutrição
Teljesítmény

Amargo	Keserű
Apetite	Étvágy
Calorias	Kalória
Carboidratos	Szénhidrátok
Comestível	Ehető
Dieta	Diéta
Digestão	Emésztés
Fermentação	Erjesztés
Ingredientes	Összetevők
Líquidos	Folyadékok
Molho	Szósz
Nutriente	Tápanyag
Peso	Súly
Proteínas	Fehérjék
Qualidade	Minőség
Sabor	Íz
Saudável	Egészséges
Saúde	Egészség
Toxina	Toxin
Vitamina	Vitamin

Números
Számok

Cinco	Öt
Decimal	Tizedes
Dez	Tíz
Dezesseis	Tizenhat
Dezessete	Tizenhét
Dezoito	Tizennyolc
Dois	Kettő
Doze	Tizenkettő
Nove	Kilenc
Oito	Nyolc
Quatorze	Tizennégy
Quatro	Négy
Quinze	Tizenöt
Seis	Hat
Sete	Hét
Treze	Tizenhárom
Três	Három
Um	Egy
Vinte	Húsz
Zero	Nulla

Oceano
Óceán

Atum	Tonhal
Baleia	Bálna
Barco	Hajó
Camarão	Garnélarák
Caranguejo	Rák
Coral	Korall
Enguia	Angolna
Esponja	Szivacs
Golfinho	Delfin
Marés	Árapály
Medusa	Medúza
Ondas	Hullámok
Ostra	Osztriga
Peixe	Hal
Polvo	Polip
Recife	Zátony
Sal	Só
Tartaruga	Teknős
Tempestade	Vihar
Tubarão	Cápa

Paisagens
Tájképek

Cascata	Vízesés
Caverna	Barlang
Colina	Domb
Deserto	Sivatag
Geleira	Gleccser
Golfo	Öböl
Iceberg	Jéghegy
Ilha	Sziget
Lago	Tó
Mar	Tenger
Montanha	Hegy
Oásis	Oázis
Oceano	Óceán
Pântano	Mocsár
Península	Félsziget
Praia	Strand
Rio	Folyó
Tundra	Tundra
Vale	Völgy
Vulcão	Vulkán

Países #1
Országok #1

Alemanha	Németország
Brasil	Brazília
Camboja	Kambodzsa
Canadá	Kanada
Egito	Egyiptom
Equador	Ecuador
Espanha	Spanyolország
Finlândia	Finnország
Iraque	Irak
Israel	Izrael
Itália	Olaszország
Índia	India
Mali	Mali
Marrocos	Marokkó
Nicarágua	Nicaragua
Noruega	Norvégia
Panamá	Panama
Polônia	Lengyelország
Senegal	Szenegál
Venezuela	Venezuela

Países #2
Országok #2

Albânia	Albánia
Dinamarca	Dánia
França	Franciaország
Grécia	Görögország
Haiti	Haiti
Indonésia	Indonézia
Irlanda	Írország
Jamaica	Jamaica
Japão	Japán
Laos	Laosz
Líbano	Libanon
México	Mexikó
Nepal	Nepál
Nigéria	Nigéria
Paquistão	Pakisztán
Rússia	Oroszország
Síria	Szíria
Somália	Szomália
Ucrânia	Ukrajna
Uganda	Uganda

Pássaros
Madarak

Avestruz	Strucc
Águia	Sas
Cegonha	Gólya
Cisne	Hattyú
Corvo	Varjú
Cuco	Kakukk
Flamingo	Flamingó
Frango	Csirke
Gaivota	Sirály
Ganso	Liba
Garça	Gém
Ovo	Tojás
Papagaio	Papagáj
Pardal	Veréb
Pato	Kacsa
Pavão	Páva
Pelicano	Pelikán
Pinguim	Pingvin
Pombo	Galamb
Tucano	Tukán

Pesca
Halászat

Água	Víz
Barbatanas	Uszonyok
Barco	Hajó
Brânquias	Kopoltyúk
Cesta	Kosár
Cozinhar	Szakács
Equipamento	Felszerelés
Exagero	Túlzás
Fio	Drót
Gancho	Horog
Isca	Csali
Lago	Tó
Mandíbula	Állkapocs
Oceano	Óceán
Paciência	Türelem
Peso	Súly
Praia	Strand
Rio	Folyó
Temporada	Évszak

Plantas
Növények

Arbusto	Bokor
Árvore	Fa
Baga	Bogyó
Bambu	Bambusz
Botânica	Botanika
Cacto	Kaktusz
Erva	Gyógynövény
Feijão	Bab
Fertilizante	Trágya
Flor	Virág
Flora	Növényvilág
Floresta	Erdő
Folhagem	Lombozat
Grama	Fű
Hera	Borostyán
Jardim	Kert
Musgo	Moha
Pétala	Szirom
Raiz	Gyökér
Vegetação	Növényzet

Profissões #1
Foglalkozások #1

Advogado	Ügyvéd
Alfaiate	Szabó
Artista	Művész
Astrônomo	Csillagász
Banqueiro	Bankár
Bombeiro	Tűzoltó
Caçador	Vadász
Cartógrafo	Térképész
Cientista	Tudós
Dançarino	Táncos
Editor	Szerkesztő
Embaixador	Nagykövet
Enfermeira	Ápoló
Geólogo	Geológus
Joalheiro	Ékszerész
Marinheiro	Tengerész
Músico	Zenész
Pianista	Zongorista
Psicólogo	Pszichológus
Veterinário	Állatorvos

Profissões #2
Foglalkozások #2

Agricultor	Gazda
Astronauta	Űrhajós
Bibliotecário	Könyvtáros
Biólogo	Biológus
Cirurgião	Sebész
Dentista	Fogorvos
Engenheiro	Mérnök
Filósofo	Filozófus
Fotógrafo	Fotós
Ilustrador	Illusztrátor
Inventor	Feltaláló
Investigador	Kutató
Jardineiro	Kertész
Jornalista	Újságíró
Linguista	Nyelvész
Médico	Orvos
Piloto	Pilóta
Pintor	Festő
Professor	Tanár
Zoólogo	Zoológus

Psicologia
Pszichológia

Avaliação	Értékelés
Clínico	Klinikai
Cognição	Megismerés
Comportamento	Viselkedés
Conflito	Konfliktus
Ego	Én
Emoções	Érzelmek
Experiências	Tapasztalatok
Inconsciente	Eszméletlen
Infância	Gyermekkor
Influências	Befolyások
Pensamentos	Gondolatok
Percepção	Észlelés
Personalidade	Személyiség
Problema	Probléma
Realidade	Valóság
Sensação	Szenzáció
Sonhos	Álmok
Subconsciente	Tudatalatti
Terapia	Terápia

Química
Kémia

Alcalino	Lúgos
Ácido	Sav
Calor	Hő
Carbono	Szén
Catalisador	Katalizátor
Cloro	Klór
Elementos	Elemek
Elétron	Elektron
Enzima	Enzim
Gás	Gáz
Hidrogênio	Hidrogén
Íon	Ion
Líquido	Folyadék
Molécula	Molekula
Nuclear	Nukleáris
Orgânico	Szerves
Oxigênio	Oxigén
Peso	Súly
Sal	Só
Temperatura	Hőmérséklet

Restaurante # 2
Étterem #2

Almoço	Ebéd
Aperitivo	Előétel
Água	Víz
Bebida	Ital
Bolo	Torta
Cadeira	Szék
Colher	Kanál
Delicioso	Finom
Especiarias	Fűszerek
Fruta	Gyümölcs
Garçom	Pincér
Garfo	Villa
Gelo	Jég
Jantar	Vacsora
Legumes	Zöldségek
Macarrão	Tészta
Peixe	Hal
Sal	Só
Salada	Saláta
Sopa	Leves

Roupas
Ruházat

Avental	Kötény
Blusa	Blúz
Calça	Nadrág
Camisa	Ing
Casaco	Kabát
Chapéu	Kalap
Cinto	Öv
Colar	Nyaklánc
Jaqueta	Dzseki
Jeans	Farmer
Luvas	Kesztyű
Meias	Zokni
Moda	Divat
Pijama	Pizsama
Pulseira	Karkötő
Saia	Szoknya
Sandálias	Szandál
Sapato	Cipő
Suéter	Pulóver
Vestido	Ruha

Saúde e Bem-Estar #1
Egészség és Wellness #1

Altura	Magasság
Ativo	Aktív
Bactérias	Baktériumok
Clínica	Klinika
Doutor	Orvos
Farmácia	Gyógyszertár
Fome	Éhség
Fratura	Törés
Hábito	Szokás
Hormones	Hormonok
Medicina	Orvosság
Nervos	Idegek
Ossos	Csontok
Pele	Bőr
Postura	Testtartás
Reflexo	Reflex
Relaxamento	Kikapcsolódás
Terapia	Terápia
Tratamento	Kezelés
Vírus	Vírus

Saúde e Bem-Estar #2
Egészség és Wellness #2

Alergia	Allergia
Anatomia	Anatómia
Apetite	Étvágy
Caloria	Kalória
Corpo	Test
Dieta	Diéta
Digestão	Emésztés
Doença	Betegség
Energia	Energia
Genética	Genetika
Higiene	Higiénia
Hospital	Kórház
Humor	Hangulat
Infecção	Fertőzés
Massagem	Masszázs
Peso	Súly
Recuperação	Felépülés
Sangue	Vér
Saudável	Egészséges
Vitamina	Vitamin

Tempo
Idő

Agora	Most
Ano	Év
Antes	Előtt
Anual	Éves
Calendário	Naptár
Década	Évtized
Dia	Nap
Futuro	Jövő
Hoje	Ma
Hora	Óra
Manhã	Reggel
Meio-Dia	Dél
Mês	Hónap
Minuto	Perc
Momento	Pillanat
Noite	Éjszaka
Ontem	Tegnap
Passado	Múlt
Semana	Hét
Século	Század

Tipos de Cabelo
Haj Típusok

Branco	Fehér
Brilhante	Fényes
Cachos	Fürtök
Careca	Kopasz
Cinza	Szürke
Colori	Színes
Encaracolado	Göndör
Fino	Vékony
Grosso	Vastag
Loiro	Szőke
Longo	Hosszú
Marrom	Barna
Ondulado	Hullámos
Prata	Ezüst
Preto	Fekete
Saudável	Egészséges
Seco	Száraz
Suave	Puha
Trançado	Fonott
Tranças	Zsinór

Universo
Világegyetem

Asteróide	Aszteroida
Astronomia	Csillagászat
Astrônomo	Csillagász
Atmosfera	Légkör
Celestial	Égi
Céu	Ég
Cósmico	Kozmikus
Equador	Egyenlítő
Galáxia	Galaxis
Hemisfério	Félteke
Horizonte	Horizont
Latitude	Szélesség
Longitude	Hosszúság
Lua	Hold
Órbita	Pálya
Solar	Nap
Solstício	Napforduló
Telescópio	Távcső
Visível	Látható
Zodíaco	Állatöv

Vegetais
Zöldségfélék

Abóbora	Tök
Aipo	Zeller
Alcachofra	Articsóka
Alho	Fokhagyma
Batata	Burgonya
Beringela	Padlizsán
Brócolis	Brokkoli
Cebola	Hagyma
Cenoura	Sárgarépa
Chalota	Mogyoróhagyma
Cogumelo	Gomba
Ervilha	Borsó
Espinafre	Spenót
Gengibre	Gyömbér
Nabo	Fehérrépa
Pepino	Uborka
Rabanete	Retek
Salada	Saláta
Salsa	Petrezselyem
Tomate	Paradicsom

Xadrez
Sakk

Aprender	Tanulni
Branco	Fehér
Campeão	Bajnok
Concurso	Verseny
Desafios	Kihívások
Diagonal	Átlós
Estratégia	Stratégia
Jogador	Játékos
Jogo	Játék
Oponente	Ellenfél
Passivo	Passzív
Pontos	Pontok
Preto	Fekete
Rainha	Királynő
Regras	Szabályok
Rei	Király
Sacrifício	Áldozat
Tempo	Idő
Torneio	Torna

Parabéns

Conseguiu!

Esperamos que tenha gostado tanto deste livro como nós gostamos de o desenhar. Esforçamo-nos por criar livros da mais alta qualidade possível.
Esta edição foi concebida para proporcionar uma aprendizagem inteligente, de qualidade e divertida!

Gostou deste livro?

Um simples pedido

Estes livros existem graças às críticas que publica.
Pode ajudar-nos, deixando agora uma revisão?

Aqui está um pequeno link para
a sua página de revisão:

BestBooksActivity.com/Avaliacoes50

DESAFIO FINAL!

Desafio n° 1

Está pronto para o seu jogo grátis? Usamo-los a toda a hora, mas não são tão fáceis de encontrar - aqui estão os Sinônimos!
Escreva 5 palavras que encontrou nos puzzles (n° 21, n° 36, n° 76) e tente encontrar 2 sinónimos para cada palavra.

*Escreva 5 palavras de **Puzzle 21***

Palavras	Sinônimo 1	Sinônimo 2

*Escreva 5 palavras de **Puzzle 36***

Palavras	Sinônimo 1	Sinônimo 2

*Escreva 5 palavras de **Puzzle 76***

Palavras	Sinônimo 1	Sinônimo 2

Desafio n° 2

Agora que já aqueceu, escreva 5 palavras que encontrou nos Puzzles (n° 9, n° 17 e n° 25) e tente encontrar 2 antônimos para cada palavra. Quantos se podem encontrar em 20 minutos?

Escreva 5 palavras de ***Puzzle 9***

Palavras	Antônimo 1	Antônimo 2

Escreva 5 palavras de ***Puzzle 17***

Palavras	Antônimo 1	Antônimo 2

Escreva 5 palavras de ***Puzzle 25***

Palavras	Antônimo 1	Antônimo 2

Desafio n° 3

Óptimo! Este desafio final  não é nada para si.

Pronto para o desafio final? Escolha 10 palavras que tenha descoberto nos diferentes puzzles e escreva-as abaixo.

1.	6.
2.	7.
3.	8.
4.	9.
5.	10.

Agora escreva um texto a pensar numa pessoa, num animal ou num lugar de seu agrado.

Pode utilizar a última página deste livro como um rascunho.

A Sua Composição:

CADERNO DE NOTAS:

ATÉ BREVE!

A equipa Inteira

DESCUBRA JOGOS GRATUITOS

GO

↓

BESTACTIVITYBOOKS.COM/FREEGAMES

www.ingramcontent.com/pod-product-compliance
Lightning Source LLC
Chambersburg PA
CBHW082215120626
46553CB00010B/3151
* 9 7 9 8 8 9 6 7 0 2 5 4 2 *